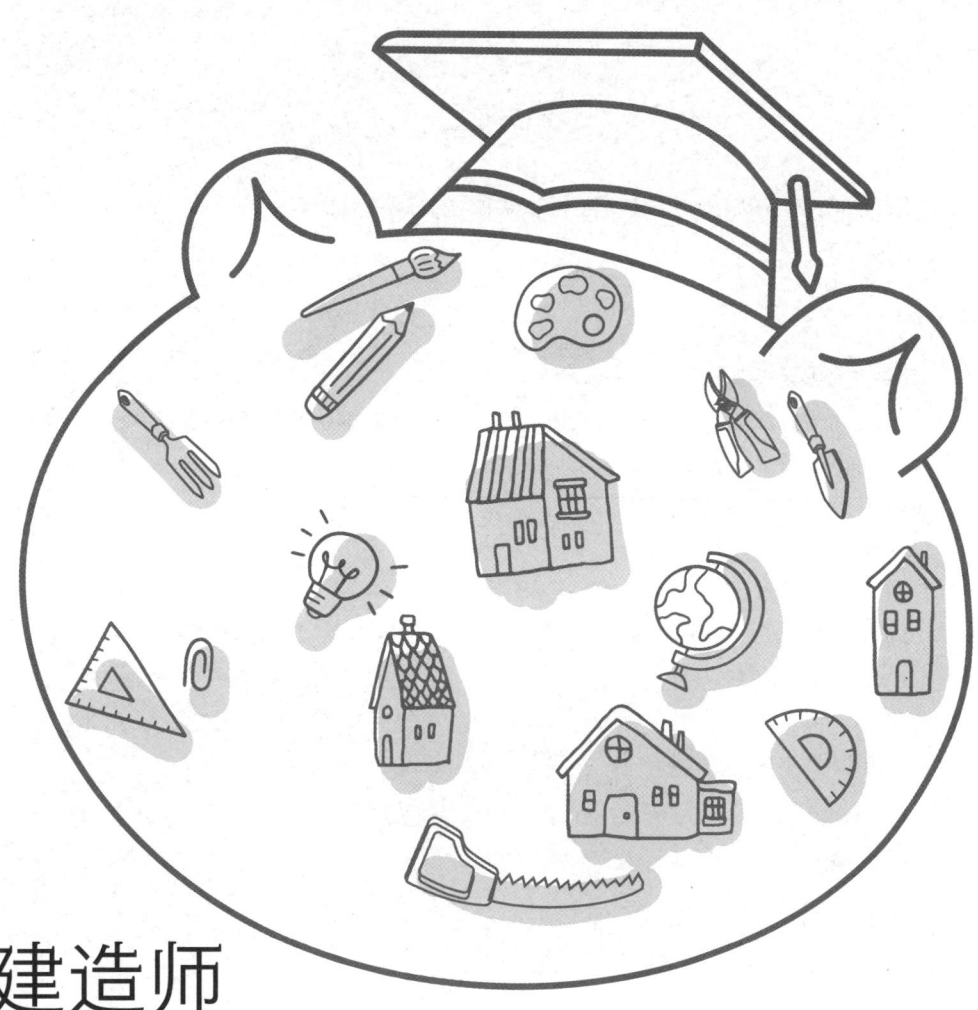

全国一级建造师
执业资格考试

建设工程法规及相关知识

四色笔记

上岸熊一级建造师考试研究院◎编著

电子工业出版社
Publishing House of Electronics Industry
北京·BEIJING

未经许可，不得以任何方式复制或抄袭本书之部分或全部内容。
版权所有，侵权必究。

图书在版编目（CIP）数据

建设工程法规及相关知识：四色笔记/上岸熊一级建造师考试研究院编著．
—北京：电子工业出版社，2024.1
全国一级建造师执业资格考试
ISBN 978-7-121-47065-3

Ⅰ．①建⋯ Ⅱ．①上⋯ Ⅲ．①建筑法—中国—资格考试—自学参考资料
Ⅳ．① D922.297.4

中国国家版本馆 CIP 数据核字（2024）第 016159 号

责任编辑：张振宇
印　　刷：山东华立印务有限公司
装　　订：山东华立印务有限公司
出版发行：电子工业出版社
　　　　　北京市海淀区万寿路 173 信箱　　邮编：100036
开　　本：890×1240　1/16　印张：9　字数：233 千字
版　　次：2024 年 1 月第 1 版
印　　次：2024 年 1 月第 1 次印刷
定　　价：32.00 元

凡所购买电子工业出版社图书有缺损问题，请向购买书店调换。若书店售缺，请与本社发行部联系，联系及邮购电话：（010）88254888，88258888。
质量投诉请发邮件至 zlts@phei.com.cn，盗版侵权举报请发邮件至 dbqq@phei.com.cn。
本书咨询联系方式：（010）88254210，influence@phei.com.cn，微信号：yingxianglibook。

目 录

第一章　建设工程基本法律知识 1
　第一节　建设工程法律体系 1
　第二节　建设工程法人制度 4
　第三节　建设工程代理制度 5
　第四节　建设工程物权制度 7
　第五节　建设工程债权制度 11
　第六节　建设工程知识产权制度 12
　第七节　建设工程担保制度 14
　第八节　建设工程保险制度 19
　第九节　建设工程税收制度 21
　第十节　建设工程法律责任制度 28

第二章　施工许可法律制度 30
　第一节　建设工程施工许可制度 30
　第二节　施工企业从业资格制度 32
　第三节　建造师注册执业制度 35

第三章　建设工程发承包法律制度 39
　第一节　建设工程招标投标制度 39
　第二节　建设工程承包制度 49
　第三节　建筑市场信用体系建设 51

第四章　建设工程合同和劳动合同法律制度 54
　第一节　建设工程合同制度 54
　第二节　劳动合同及劳动者权益保护制度 62
　第三节　相关合同制度 70

第五章 建设工程施工环境保护、节约能源和文物保护法律制度 78
第一节 施工现场环境保护制度 78
第二节 施工节约能源制度 81
第三节 施工文物保护制度 84

第六章 建设工程安全生产法律制度 87
第一节 施工安全生产许可证制度 87
第二节 施工安全生产责任和安全生产教育培训制度 89
第三节 施工现场安全防护制度 92
第四节 施工安全事故的应急救援与调查处理 96
第五节 建设单位和相关单位的建设工程安全责任制度 99

第七章 建设工程质量法律制度 102
第一节 工程建设标准 102
第二节 施工单位的质量责任和义务 105
第三节 建设单位及相关单位的质量责任和义务 108
第四节 建设工程竣工验收制度 111
第五节 建设工程质量保修制度 114

第八章 解决建设工程纠纷法律制度 118
第一节 建设工程纠纷主要种类和法律解决途径 118
第二节 民事诉讼制度 120
第三节 仲裁制度 128
第四节 调解、和解制度与争议评审 131
第五节 行政复议和行政诉讼制度 132

分值分布

章名		分值 2018年	2019年	2020年	2021年	2022年
第一章	建设工程基本法律知识	31	29	33	28	28
第二章	施工许可法律制度	9	9	9	9	9
第三章	建设工程发承包法律制度	13	13	13	11	15
第四章	建设工程合同和劳动合同法律制度	13	18	17	19	19
第五章	建设工程施工环境保护、节约能源和文物保护法律制度	10	7	7	7	6
第六章	建设工程安全生产法律制度	17	19	18	19	16
第七章	建设工程质量法律制度	20	19	16	19	19
第八章	解决建设工程纠纷法律制度	17	16	17	18	18

第一章　建设工程基本法律知识

第一节　建设工程法律体系

考点一　我国法的形式（★★★★）

【2020年单选题】【2021年单选题】【2022年单选题】

我国法的形式	制定机关	表现形式
宪法	全国人民代表大会	《中华人民共和国宪法》
法律	全国人民代表大会及其常务委员会	《××法》《中华人民共和国民法典》
行政法规	国务院	《××条例》
地方性法规	省、自治区、直辖市、设区的市人民代表大会及其常务委员会	《××省（市）××条例》
自治条例和单行条例	**民族自治地方人民代表大会**	
部门规章	国务院各部、委员会、中国人民银行、审计署和具有行政管理职能的直属机构及法律规定的机构	《××规定/办法/实施细则》
地方政府规章	省、自治区、直辖市和设区的市、自治州的人民政府	《××省（市）××规定/办法/实施细则》
国际条约	我国与外国	《××公约/协议/联合宣言》

> **上岸熊小贴士**
>
> 判别法的形式，先看最后几个字，再看前边是否有地名。

考点二 法的效力层级（★★★★★）

【2018年单选题】【2019年单选题】【2020年单选题】【2021年单选题】【2022年单选题】

（一）效力层级

效力层级	图　示
(1) 宪法至上； (2) 上位法优于下位法； (3) 特别法优于一般法； (4) 新法优于旧法； (5) 需要由有关机关裁决适用的特殊情况。	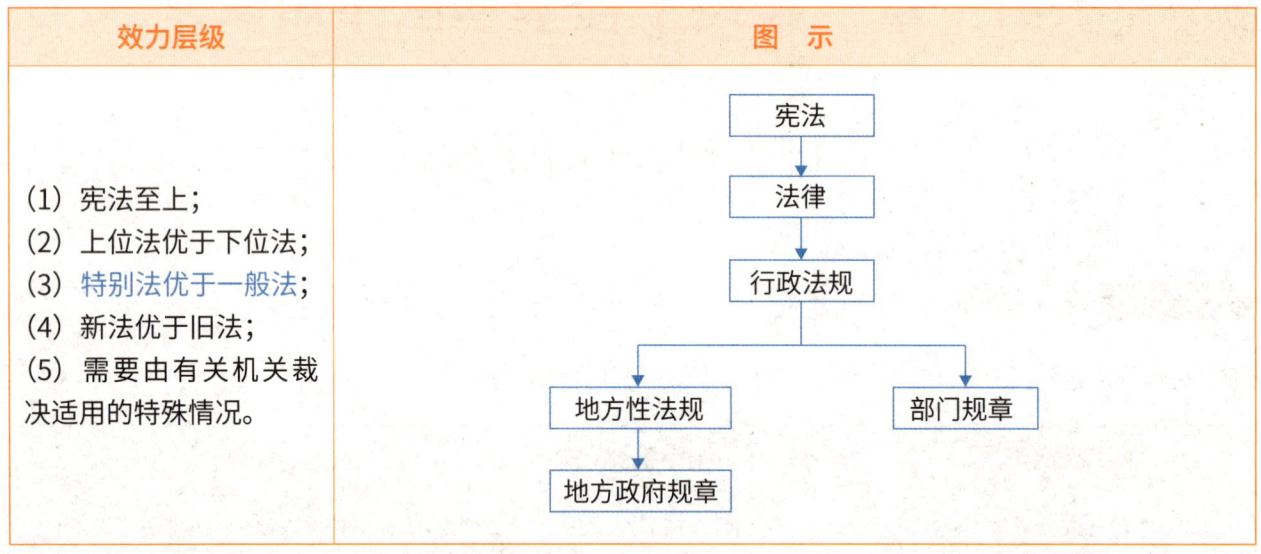

（二）需要由有关机关裁决适用的特殊情况

同一机关制定的新的一般与旧的特别冲突		谁制定谁裁决
地方性法规与部门规章冲突	由国务院提出意见	国务院认为适用地方性法规，国务院裁决；国务院认为应当适用部门规章，提请全国人民代表大会常务委员会裁决
部门规章之间冲突		国务院裁决
部门规章与地方政府规章冲突		
授权制定的法规与法律规定冲突		全国人民代表大会常务委员会裁决

上岸熊小贴士

（1）地方性法规与部门规章冲突，需要由国务院提出意见；
（2）部门规章之间，部门规章与地方政府规章之间具有同等效力，没有上下位关系。

考点三 备案（★）

法的形式	备案机关（公布后30日内）
行政法规	全国人民代表大会常务委员会
省级地方性法规	全国人民代表大会常务委员会和国务院
设区的市、自治州制定的地方性法规	由省级人民代表大会常务委员会报全国人民代表大会常务委员会和国务院
自治条例和单行条例（由自治州、自治县人民代表大会制定）	由省级人民代表大会常务委员会报全国人民代表大会常务委员会和国务院，应当说明对法律、行政法规、地方性法规作出变通的情况
部门规章	国务院
省级地方政府规章	国务院、本级人民代表大会常务委员会
设区的市、自治州制定的地方规章	国务院、本级人民代表大会常务委员会、省级人民代表大会常务委员会、省级人民政府

熊熊总结

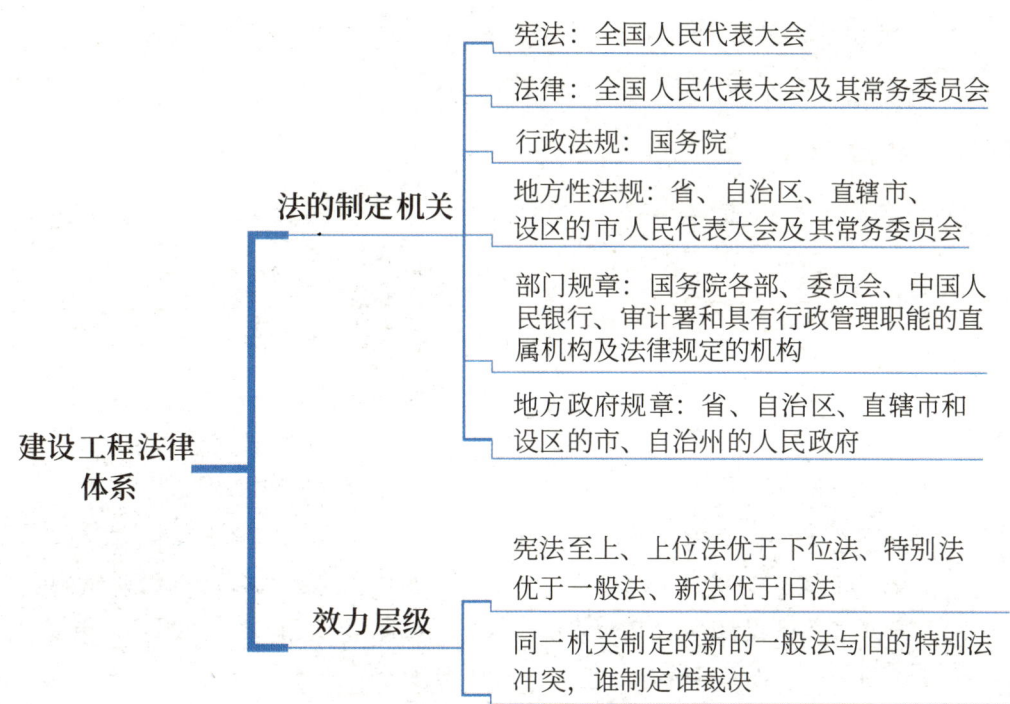

第二节　建设工程法人制度

考点一　法人应当具备的条件（★★）

【2019年单选题】【2020年单选题】

条件	具体要求
依法成立	—
应当有自己的名称、组织机构、住所、财产或者经费	（1）法人的住所，法人以其主要办事机构所在地为住所，依法办理法人登记的，应当将主要办事机构所在地登记为住所； （2）有必要的财产或者经费是法人进行民事活动的物质基础
能够独立承担民事责任	法人以其全部财产独立承担民事责任
有法定代表人	（1）法定代表人以法人名义从事的民事活动，其法律后果由法人承受。法人承担民事责任后，依照法律或者法人章程的规定，可以向有过错的法定代表人追偿； （2）法人章程或者法人权力机构对法定代表人代表权的限制，不得对抗善意相对人

> 🌟 **上岸熊小贴士**
>
> 合法、有名有住处有钱、能担事、有人。

考点二　法人的分类（★★★）

【2018年单选题】

营利法人	非营利法人	特别法人
有限责任公司 股份有限公司 其他企业法人	事业单位 社会团体 基金会 社会服务机构等	机关法人 农村集体经济组织法人 城镇农村的合作经济组织法人 基层群众性自治组织法人
营业执照签发日期为营利法人成立日期。	具备法人条件的事业单位，经依法登记，取得法人资格； 依法不需要办理法人登记的，从成立之日起，具有法人资格	有独立经费的机关和承担行政职能的法定机构从成立之日起，具有法人资格

> 🌟 **上岸熊小贴士**
>
> 事业、社会、基金是非营利法人，机关、农村、群众是特别法人。

考点三 企业法人与项目经理部的法律关系（★★★★）

【2021年多选题】【2021年单选题】【2022年单选题】

项目经理部	项目经理部是施工企业根据建设工程施工项目而组建的非常设的下属机构，是一次性的具有弹性的现场生产组织机构
	对于大中型施工项目，施工企业应当在施工现场设立项目经理部；小型施工项目，可以由施工企业根据实际情况选择适当的管理方式
企业法人与项目经理部的法律关系	（1）项目经理是企业法人授权在建设工程施工项目上的管理者； （2）项目经理部不具有法人资格，项目经理部的法律后果由企业法人承担

> ⭐ 上岸熊小贴士
>
> 无论项目经理部、项目经理，还是法定代表人，其授权行为的法律后果，都由企业法人承担。

熊熊总结

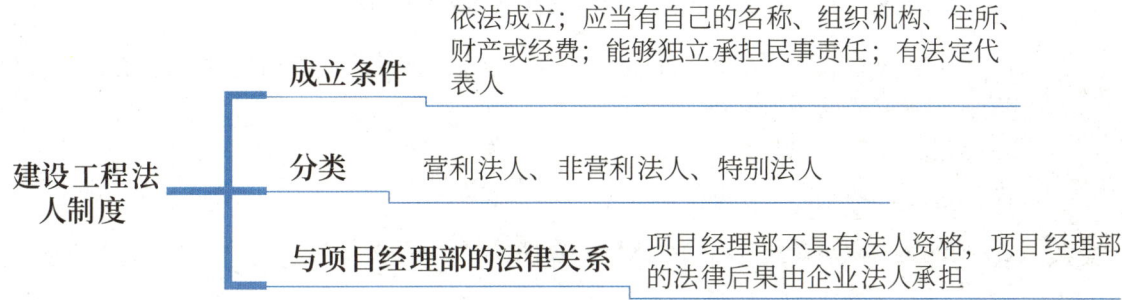

第三节 建设工程代理制度

考点一 代理行为的法律特征（★★）

【2020年单选题】

（1）代理人必须在代理权限范围内实施代理行为；
（2）代理人一般应该以被代理人的名义实施代理行为；
（3）代理行为必须是具有法律意义的行为；
（4）代理行为的法律后果归属于被代理人。

考点二 代理的种类（★★）

【2018年单选题】

委托代理	(1) 委托代理可以采用书面形式或口头形式； (2) 委托代理授权采用书面形式的，授权委托书应当载明代理人的姓名或者名称、代理事项、权限和期间，并由被代理人签名或者盖章； (3) 数人为同一代理事项的代理人的，应当共同行使代理权
法定代理	无民事行为能力人、限制行为能力人的监护人是其法定代理人

考点三 代理行为的设立和终止（★★★）

【2019年单选题】

常见代理行为	材料设备采购代理、工程招标代理、诉讼代理
诉讼代理人	(1) 律师、基层法律服务工作者； (2) 当事人的近亲属或工作人员； (3) 当事人所在社区、单位以及有关社会团体推荐的公民
不得代理情形	(1) 依照法律规定、当事人约定或者民事法律行为的性质，应当由本人亲自实施的民事法律行为，不得代理； (2) 建设工程的承包活动不得委托代理
代理行为的终止	(1) 代理期间届满或者代理事务完成； (2) 被代理人取消委托或者代理人辞去委托； (3) 代理人丧失民事行为能力； (4) 代理人或者被代理人死亡； (5) 作为被代理人或者代理人的法人、非法人组织终止。 注：建设工程代理行为的终止，主要是第(1)(2)(5)三种情况

考点四 代理的法律关系（★★★★）

【2018年单选题】【2019年单选题】【2022年单选题】

法律关系	含义	法律后果	承担责任主体
转代理	代理人将代理事务转托第三人	取得被代理人的同意或追认	被代理人承担（代理人仅对第三人指示和选任负责）
		未经被代理人同意或追认	代理人承担

续表

法律关系	含义	法律后果	承担责任主体
无权代理	(1) 自始未授权 (2) 超越代理权 (3) 代理权终止	被代理人予以追认	被代理人承担
		被代理人不予追认	代理人承担
表见代理	(1) 存在足以使相对人相信行为人有代理权的事实或理由 (2) 本人存在过失 (3) 相对人为善意	产生有权代理的后果	被代理人承担

> **上岸熊小贴士**
>
> （1）一般情况下转代理需要取得被代理人的同意或追认，只有在满足"紧急情况下"和"为了被代理人的利益"这两个条件时，才允许未经被代理人同意或追认的情况下进行转代理；
> （2）表见代理无权有效。

熊熊总结

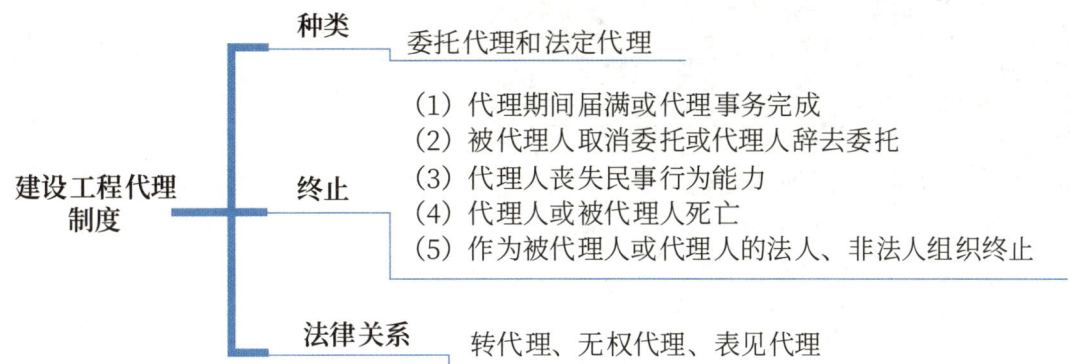

第四节　建设工程物权制度

考点一　物权的法律特征（★★）

物权是支配权	物权是权利人直接支配的权利，即物权人可以依自己的意志就标的物直接行使权利，无须他人的意思或义务人的行为介入

续表

物权是绝对权	物权的权利人可以对抗一切不特定的人；物权的权利人是特定的，义务人是不特定的，且义务内容是不作为，即只要不侵犯物权人行使权利就履行义务
物权是财产权	物权是一种具有物质内容的、直接体现为财产利益的权利；财产利益包括对物的利用、物的归属和就物的价值设立的担保
物权具有排他性	物权人有权排除他人对于他行使物权的干涉；而且同一物上不许有内容不相容的物权并存，即"一物一权"

考点二 物权的种类（★★★★）

【2018年单选题】【2020年多选题】【2022年多选题】

所有权	(1) 所有权是指所有人对自己的不动产或者动产，依法享有的占有、使用、收益和处分的权利； (2) 处分权是所有人的最基本的权利，是所有权内容的核心
用益物权	(1) 用益物权是指权利人对他人所有的不动产或者动产，依法享有占有、使用和收益的权利； (2) 用益物权包括土地承包经营权、建设用地使用权、居住权、宅基地使用权、地役权
担保物权	(1) 担保物权是指权利人依法享有就担保财产优先受偿的权利； (2) 担保物权包括抵押权、质权、留置权

上岸熊小贴士

（1）处分权是所有权内容的核心。
（2）用益物权包括"四地一居住"，但不包括土地所有权。

考点三 土地所有权（★★）

【2019年多选题】

土地所有权	全民所有制	国家所有	由国务院代表国家行使	城市的土地，无居民海岛，矿藏、水流、海域
	劳动群众集体所有制	集体所有	农村集体经济组织实行家庭承包经营为基础、统分结合的双层经营体制	不动产包括法律规定属于集体所有的土地和森林、山岭、草原、荒地、滩涂等

考点四 建设用地使用权（★★★★★）

【2018年多选题】【2019年单选题】【2020年单选题】【2021年单选题】【2022年单选题】

设立土地	建设用地使用权只能存在于国家所有的土地上，不包括集体所有的农村土地
设立空间	建设用地使用权可以在土地的地表、地上或地下分别设立。新设立的建设用地使用权，不得损害已设立的用益物权
设立方式	可以采取出让或划拨等方式。国家严格限制以划拨方式设立建设用地使用权
设立时间	应当向登记机构申请建设用地使用权登记。建设用地使用权自登记时设立
流转	建设用地使用权人将建设用地使用权转让、互换、出资、赠与或抵押，应当符合以下规定： （1）当事人应当采取书面形式订立相应的合同。使用期限由当事人约定，但不得超过建设用地使用权的剩余期限； （2）应当向登记机构申请变更登记； （3）附着于该土地上的建筑物、构筑物及其附属设施一并处分
续期	（1）住宅建设用地使用权期限届满的，自动续期。续期费用的缴纳或减免，依照法律、行政法规的规定办理； （2）非住宅建设用地使用权期限届满后的续期，依照法律规定办理
消灭	建设用地使用权消灭的，出让人应当及时办理注销登记。登记机构应当收回建设用地使用权证书

考点五 地役权（★★★）

【2018年单选题】【2020年单选题】【2021年单选题】

定义	地役权是指为使用自己不动产的便利或提高其效益而按照合同约定利用他人不动产的权利
设立	（1）设立地役权，当事人应当采取书面形式订立地役权合同； （2）地役权自地役权合同生效时设立； （3）当事人要求登记的，可以向登记机构申请地役权登记，未经登记，不得对抗善意第三人； （4）土地上已设立土地承包经营权、建设用地使用权、宅基地使用权等用益物权的，未经用益物权人同意，土地所有权人不得设立地役权
转让	（1）需役地及需役地上的土地承包经营权、建设用地使用权等部分转让时，转让部分涉及地役权的，受让人同时享有地役权； （2）供役地及供役地上的土地承包经营权、建设用地使用权等部分转让时，转让部分涉及地役权的，地役权对受让人具有法律约束力 （地役权随着用益物权的转让一并转让）

上岸熊小贴士

地役权随地走。自合同生效时设立，未经登记，不得对抗善意第三人。

考点六 不动产、动产物权的设立、变更、转让和消灭（★★★★★）

【2018年单选题】【2018年多选题】【2019年单选题】【2021年多选题】【2022年单选题】

	不动产	动产
效力	经依法登记，发生效力；未经登记，不发生效力，但法律另有规定的除外	自交付时发生效力，但法律另有规定的除外
例外	依法属于国家所有的自然资源，所有权可以不登记	船舶、航空器和机动车等物权的设立、变更、转让和消灭，未经登记，不得对抗善意第三人

不动产物权与合同效力的关系：当事人之间订立有关设立、变更、转让和消灭不动产物权的合同，除法律另有规定或者合同另有约定外，自合同成立时生效；未办理物权登记的，不影响合同效力

上岸熊小贴士

物权效力和合同效力是两个独立的、不同的概念，注意区分。

熊熊总结

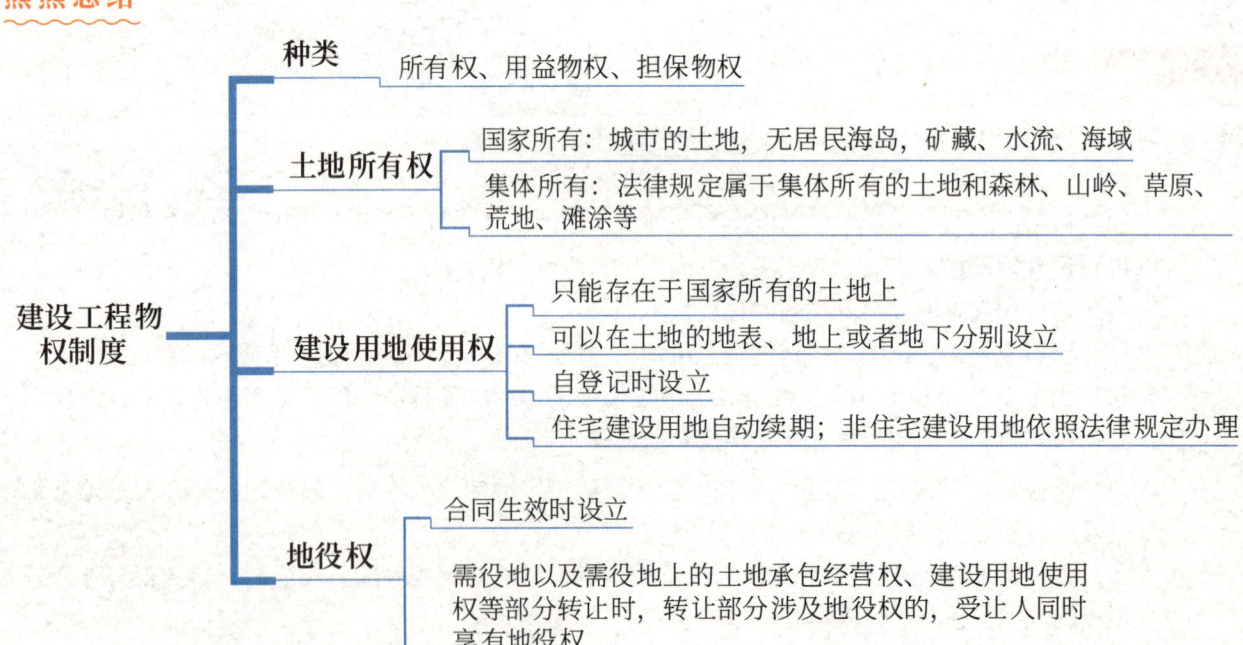

第五节　建设工程债权制度

考点一　债的概念与内容（★★）

【2018年单选题】【2020年单选题】

概念	债权是因合同、侵权行为、无因管理、不当得利及法律的其他规定，权利人请求特定义务人为或不为一定行为的权利
内容	债的主体双方间的权利与义务，即债权人享有的权利和债务人负担的义务，即债权与债务
债的相对性	债权主体的相对性；债权内容的相对性；债权责任的相对性

考点二　建设工程债的发生根据（★★★★★）

【2018年单选题】【2018年多选题】【2019年单选题】【2019年多选题】【2020年单选题】【2020年多选题】【2021年单选题】【2021年多选题】【2022年单选题】【2022年多选题】

合同	当事人之间因产生了合同法律关系，便建立了债的关系。合同之债是债发生的最主要、最普遍的依据
侵权	（1）公民或法人没有法律依据而侵害他人的财产权利或人身权利的行为。 （2）建筑物、构筑物或其他设施倒塌、塌陷造成他人损害的，由建设单位与施工单位承担连带责任，但是建设单位与施工单位能够证明不存在质量缺陷除外。**建设单位、施工单位赔偿后，有其他责任人的，有权向其他责任人追偿。** （3）因所有人、管理人、使用人或第三人的原因，建筑物、构筑物或其他设施倒塌、塌陷造成他人损害的，由所有人、管理人、使用人或第三人承担侵权责任
无因管理 （准合同）	（1）未受他人委托，也无法律上的义务，为避免他人利益受损失而自愿为他人管理事务或提供服务的事实行为。 （2）无因管理在管理人员或服务人员与受益人之间形成了债的关系。管理人员没有法定的或约定的义务，为避免他人利益受损失而管理他人事务的，可以请求受益人偿还因管理事务而支出的必要费用，管理人因管理事务受到损失的，可以请求受益人给予适当补偿
不当得利 （准合同）	（1）没有法律根据，有损他人利益而自身取得利益的行为，在得利者与受害者之间形成债的关系。 （2）得利人没有法律根据取得不当利益的，受损失的人可以请求得利人返还取得的利益，但是有下列情形之一的除外： ①为履行道德义务进行的给付； ②债务到期之前的清偿； ③明知无给付义务而进行的债务清偿

> 📌 **上岸熊小贴士**
>
> 合同债是基于合同关系的合同之债，而侵权、无因管理和不当得利债权人和债务人没有合同关系，称为**法定之债**。

考点三 建设工程债的常见种类（★★★★）

【2019年单选题】【2021年单选题】【2022年单选题】【2022年多选题】

施工合同债	（1）施工合同债是发生在建设单位和施工单位之间的债； （2）对于完成施工任务，建设单位是债权人，施工单位是债务人，对于支付工程款，则相反
买卖合同债	材料设备的买方有可能是建设单位，也可能是施工单位；他们会与材料设备供应商产生债
侵权之债	（1）在侵权之债中，最常见的是施工单位的施工活动产生的侵权。 （2）如施工噪声或者废水、废弃物排放等扰民，可能对工地附近的居民构成侵权。此时，居民是债权人，施工单位或者建设单位是债务人

熊熊总结

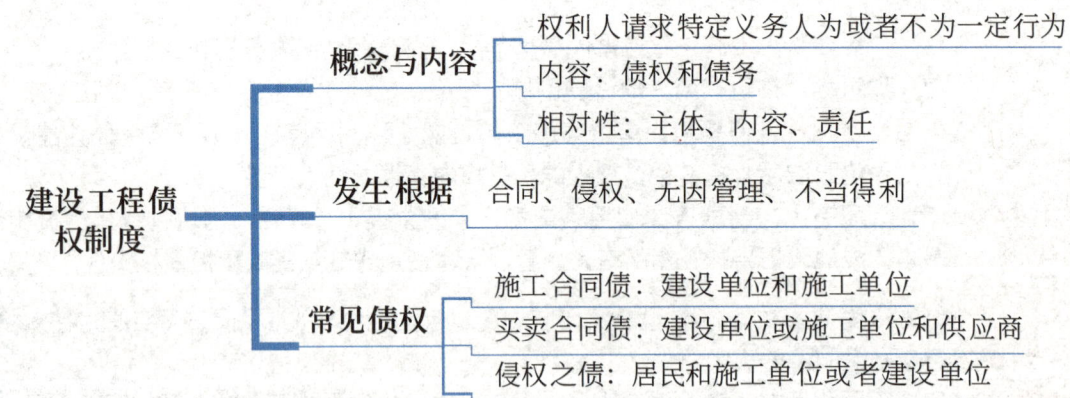

第六节 建设工程知识产权制度

考点一 知识产权的法律特征（★★）

【2021年单选题】

财产权、人身权的双重属性	唯一具有

续表

专有性	绝对的排他性，未经知识产权人同意，其他人擅自使用构成侵权
地域性	效力限于一国法律所能及的地域内，有形财产不受限制
期限性	法定期限内受保护，超过期限成为整个社会的共同财富，有形财产不受限制

考点二 专利权（★★★★）

【2018年单选题】【2019年单选题】【2019年多选题】【2020年单选题】

产权种类	保护客体	特性	期限	起算点	生效日	展期
专利权	发明	新颖性、创造性、实用性	20年	申请日（专利局收到申请文件之日或寄出的邮戳日）	自公告之日起生效	不予展期
	实用新型		10年			
	外观设计	新颖性、富有美感、适于工业应用	15年			

考点三 商标权（★★）

【2021年单选题】【2022年单选题】

产权种类	保护客体	分类	内容	期限	起算点	展期
商标专用权	注册商标	商品商标 服务商标	使用权 禁止权	10年	核准注册之日	可以延期

(1) 期满前12个月内申请延续，在此期间未提出申请的，给予6个月的宽展期，每次续展注册有效期为10年；
(2) 转让注册商标的，转让人和受让人应当签订转让协议，并共同向商标局提出申请；
(3) 商标专用权的内容只包括财产权，商标设计者的人身权受《中华人民共和国著作权法》保护

考点四 著作权（★★）

【2021年单选题】

类别	著作权归属	期限
单位作品	完全归单位	(1) 作者的署名权、修改权、保护作品完整权的保护期不受限制； (2) 自然人的作品，其发表权、使用权和获得报酬权的保护期，为作者终生及其死后50年
职务作品	归作者（所在单位有优先使用权） 作者有署名权 其他权利归作者所在单位	
委托作品	通过合同约定 无约定，推定为归受托人	

熊熊总结

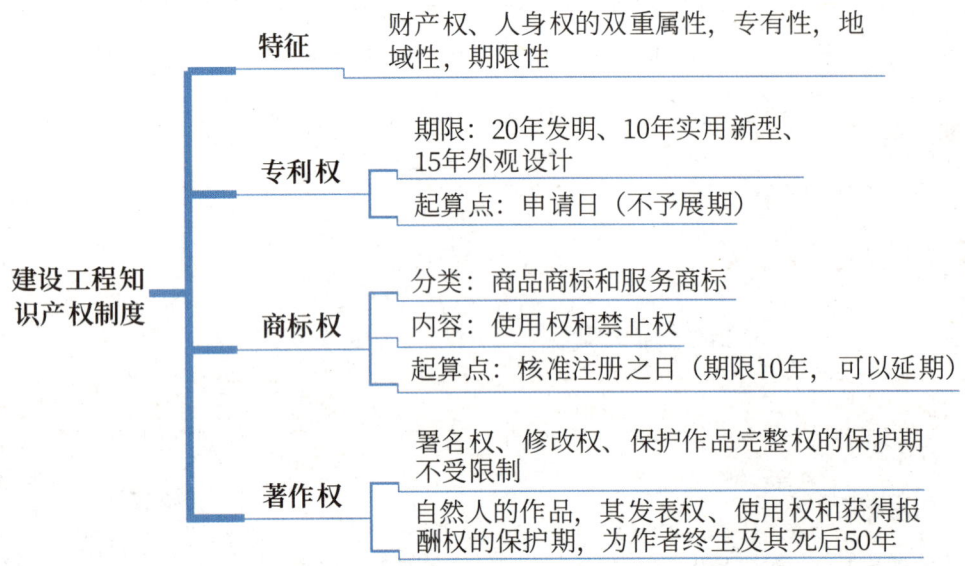

第七节 建设工程担保制度

考点一 担保的规定（★★）

概念	债权人在借贷、买卖等民事活动中，为保障实现其债权，需要担保的，可以依照规定设定担保
反担保	第三人为债务人向债权人提供担保时，可以要求债务人提供反担保
主从合同	（1）担保合同是主合同的从合同，主合同无效，担保合同无效，担保合同另有约定的，按照约定； （2）担保合同被确认无效后，债务人、保证人、债权人有过错的，应当根据其过错各自承担相应的民事责任

> **上岸熊小贴士**
> 主合同无效，担保合同也无效。担保合同另有约定的，按照约定。

考点二 担保的分类（★★）

担保方式	种类	提供	是否转移占有	担保物
人的担保	保证	第三人提供	—	—

续表

担保方式	种类	提供	是否转移占有	担保物
物的担保	抵押	可能是债务人本人，也可能是第三人提供	不转移占有	动产、不动产
	质权		转移占有	动产、权利
	留置权	债务人本人提供	转移占有	动产
金钱担保	定金		转移占有	金钱

考点三 保证的规定（★★★★★）

【2018年单选题】【2019年单选题】【2019年多选题】【2020年单选题】【2022年单选题】【2022年多选题】

保证方式	一般保证	责任承担先债务人后保证人。保证人在主合同纠纷未经审判或仲裁，并就债务人财产依法强制执行仍不能履行债务前，有权拒绝向债权人承担保证责任，但有下列情形之一的除外： （1）债务人下落不明，且无财产可供执行； （2）人民法院已经受理债务人破产案件； （3）债权人有证据证明债务人的财产不足以履行全部债务或丧失履行债务能力； （4）保证人书面表示放弃该项权利	合同有约定按照约定，无约定按照一般保证
	连带保证	债务人、保证人连带责任	
保证人	（1）机关法人不得为保证人，但经国务院批准为使用外国政府或者国际经济组织贷款进行转贷的除外； （2）以公益为目的的非营利法人、非法人组织不得为保证人
保证范围	包括主债权及其利息、违约金、损害赔偿金和实现债权的费用。另有约定的，按照约定
保证期间	债权人与保证人可以约定保证期间，但是约定的保证期间早于主债务履行期限或与主债务履行期限同时届满的，视为没有约定；没有约定或约定不明确的，保证期间为主债务履行期限届满之日起6个月
保证转让	（1）保证期间，债权人转让全部或部分债权，未通知保证人的，该转让对保证人不发生效力，保证人与债权人约定禁止债权转让，债权人未经保证人书面同意转让债权的，保证人对受让人不再承担保证责任； （2）债权人未经保证人书面同意，允许债务人转移全部或部分债务，保证人对未经其同意转移的债务不再承担保证责任，但是债权人和保证人另有约定的除外； （3）第三人加入债务的，保证人的保证责任不受影响； （4）债权人和债务人未经保证人书面同意，协商变更主债权债务合同内容，减轻债务的，保证人仍对变更后的债务承担保证责任，加重债务的，保证人对加重的部分不承担保证责任； （5）债权人和债务人变更主债权债务合同的履行期限，未经保证人书面同意的，保证期限不受影响

考点四 抵押权（★★★）

【2021年单选题】【2022年单选题】

可抵押物	（1）建筑物和其他土地附着物； （2）建设用地使用权； （3）海域使用权； （4）生产设备、原材料、半成品、产品； （5）正在建造的建筑物、船舶、航空器； （6）交通运输工具
	以不动产抵押的，应当办理抵押登记，抵押权自登记时设立；以动产抵押的，抵押权自抵押合同生效时设立；未经登记，不得对抗善意第三人
不可抵押物	（1）土地所有权； （2）宅基地、自留地、自留山等集体所有的土地使用权，但是法律规定可以抵押的除外； （3）学校、幼儿园、医疗机构等为公益目的成立的非营利法人的教育设施、医疗卫生设施和其他公益设施； （4）所有权、使用权不明或者有争议的财产； （5）依法被查封、扣押、监管的财产
抵押的效力	（1）抵押人有义务妥善保管抵押物并保证其价值。 （2）抵押期间，抵押人可以转让抵押财产。抵押财产转让的，抵押权不受影响。抵押人转让抵押财产的，应当及时通知抵押权人。抵押权人能够证明抵押财产转让可能损害抵押权的，可以请求抵押人将转让所得的价款向抵押权人提前清偿债务或者提存。 （3）转让的价款超过债权数额的部分归抵押人所有，不足部分由债务人清偿。 （4）抵押权与其担保的债权同时存在。抵押权不得与债权分离而单独转让或作为其他债权的担保
抵押权实现	（1）债务人不履行到期债务或发生当事人约定的实现抵押权的情形，抵押权人可以与抵押人协议以抵押财产折价或者以拍卖、变卖该抵押财产所得的价款优先受偿。 （2）抵押权人和抵押人未就抵押权实现方式达成协议的，抵押权人可以请求人民法院拍卖、变卖抵押财产。抵押财产折价或者变卖的，应当参照市场价格。 （3）同一财产向两个以上债权人抵押的，拍卖、变卖抵押财产所得的价款按照以下规定清偿： ①抵押权已经登记的，按登记的时间先后确定清偿顺序； ②抵押权已经登记的先于未登记的受偿； ③抵押权未登记的，按照债权比例清偿

> **上岸熊小贴士**
>
> 都登记看谁先登记，已登记优于未登记，都未登记的按比例清偿。

建设工程基本法律知识 第一章

考点五 质权（★★★★）

【2018年多选题】【2020年多选题】【2021年单选题】【2021年多选题】

动产质权	质权自出质人交付质权财产时设立
权利质权	（1）汇票、支票、本票； （2）债券、存款单； （3）仓单、提单； （4）可以转让的基金份额、股份； （5）可以转让的注册商标专用权、专利权、著作权等知识产权中的财产权； （6）现有的及将有的应收账款。 质权自权利凭证交付质权人时设立，没有权利凭证的，质权自办理出质登记时设立

🌟 上岸熊小贴士

（1）质权的物是动产和权利，抵押的物是动产和不动产；
（2）质权以转移占有为特征，抵押以不转移占有为特征。

考点六 留置权（★★）

履行债务的期限	（1）留置权人与债务人应当约定留置财产后的债务履行期限，没有约定或约定不明确的，留置权人应当给债务人60日以上履行债务的期限，但是鲜活易腐等不易保管的动产除外； （2）债务人逾期未履行的，留置权人可以与债务人协议以留置财产折价，也可以就拍卖、变卖留置财产所得的价款优先受偿
留置财产规定	留置权人负有妥善保管留置物的义务；因保管不善致使留置财产毁损、灭失的，应当承担赔偿责任

🌟 上岸熊小贴士

留置债务履行期限应约定，没有约定或约定不明确的，留置权人应给债务人60日以上履行债务的期限，特殊情况除外。

考点七 定金（★★★★）

【2018年单选题】【2020年单选题】【2021年单选题】

定金形式	（1）定金应当以书面形式约定； （2）定金合同从实际交付定金之日起生效； （3）当事人既约定违约金，又约定定金的，一方违约时，对方可以选择适用违约金或定金条款

17

续表

定金罚则	(1) 债务人履行债务的，定金应当抵作价款或者收回； (2) 给付定金的一方不履行债务或者履行债务不符合约定，致使不能实现合同目的的，无权请求返还定金，收受定金的一方不履行债务或者履行债务不符合约定，致使不能实现合同目的的，应当双倍返还定金
定金额度	(1) 定金的数额由当事人约定，但不得超过主合同标的额的20%，超过部分不产生定金的效力； (2) 实际交付的定金数额多于或者少于约定数额的，视为变更约定的定金数额

> **上岸熊小贴士**
>
> 尤其注意定金条款与债权实现的综合考核，考核计算题。
> （1）违约金+定金；（2）定金+定金（双倍返还定金）；（3）实际损失+定金。
> 三种计算可以任选其中之一，为了最大保护自己的权益，三种情况取计算最大值。

熊熊总结

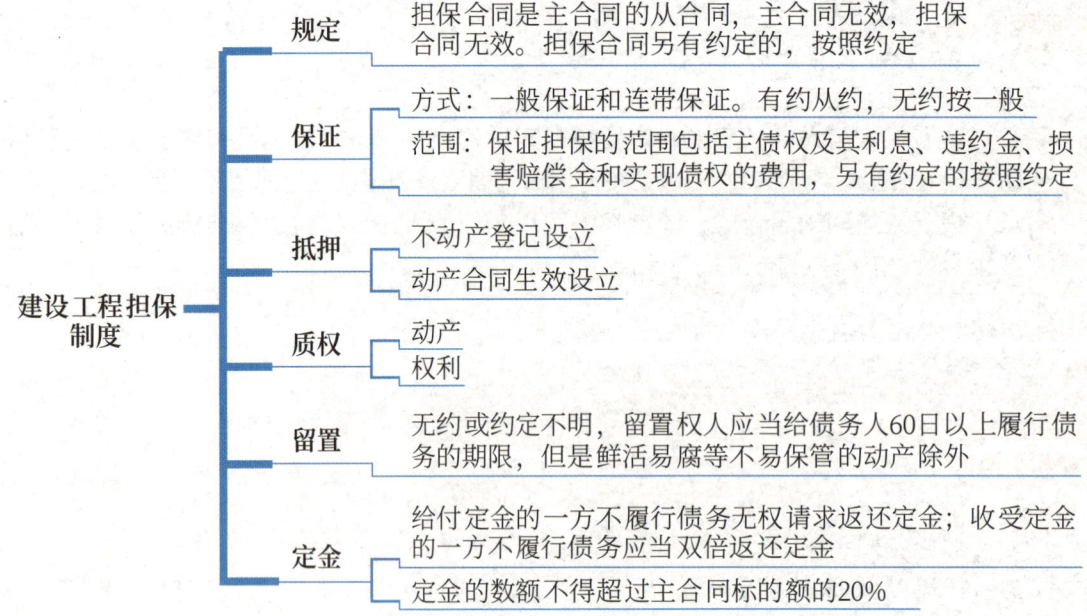

第八节　建设工程保险制度

考点一　保险合同（★★★★）

【2018年单选题】【2019年单选题】【2020年单选题】【2022年单选题】

保险当事人	（1）保险合同由投保人和保险人约定； （2）投保人可以是被保险人，投保人、被保险人可以是受益人	
财产保险	（1）保险合同的转让应当通知保险人，经保险人同意继续承保后，依法转让合同； （2）在合同有效期内，保险标的的危险程度显著增加的，被保险人应当按照合同约定及时通知保险人，保险人可以按照合同约定增加保险费或解除合同	
人身保险	人寿保险	保险人不得用诉讼方式要求投保人支付保险费	（1）投保人应当向保险人如实申报被保险人的年龄、身体状况； （2）人身保险投保人可以按照合同约定向保险人一次支付全部保险费或分期支付保险费
	健康保险	—	
	伤害保险		

> **上岸熊小贴士**
>
> （1）投保人、被保险人、受益人可以是同一个人；
> （2）保险人对人寿保险的保险费，不得用诉讼方式要求投保人支付。

考点二　保险索赔（★★）

索赔证明	投保人、被保险人或受益人应当向保险人提供其所能提供的与确认保险事故的性质、原因、损失程度等有关证明和材料	
索赔事件	投保人、被保险人或受益人知道保险事故发生后，应当及时通知保险人	
计算损失	全部损失	按照全部损失赔偿
	没有全部损失，但已无法修理或修理费用超过赔偿金额	
	部分损失	按照部分损失赔偿
	一个项目同时由多家保险公司承保	按照约定比例提出索赔

考点三 建筑工程一切险和安装工程一切险（★★★★★）

【2018年单选题】【2018年多选题】【2019年单选题】【2019年多选题】【2020年单选题】【2020年多选题】【2021年单选题】【2021年多选题】【2022年单选题】

投保人	除专用合同条款另有约定外，发包人应投保建筑工程一切险或安装工程一切险；发包人委托承包人投保的，因投保产生的保险费和其他相关费用由发包人承担
被保险人	对投保工程承担一定风险的有关各方（具有可保利益的各方），均可作为被保险人。具体包括： （1）业主或工程所有人； （2）承包商或者分包商； （3）技术顾问，包括业主聘用的建筑师、工程师及其他专业顾问
承保范围	（1）自然事件：地震、海啸、雷电、台风、暴雨、水灾等人力不可抗拒的破坏力强大的自然现象； （2）意外事故：如火灾、爆炸
除外责任	（1）设计错误引起的损失和费用； （2）非外力引起的机械或电气装置的本身损失，或施工用机具、设备、机械装置失灵造成的本身损失……
保险期限	（1）建筑工程一切险的保险责任自保险工程在工地动工或用于被保险工程的材料、设备运抵工地之时起始，以先发生者为准； （2）至工程所有人对部分或全部工程签发完工验收证书或验收合格，或工程所有人实际占用或使用或接收该部分或全部工程之时终止，以先发生者为准； （3）在任何情况下，保险期限的起始或终止不得超出保单明细表中列明的保险生效日或终止日
试车考核期	（1）安装工程一切险的保险期内，一般应包括一个试车考核期，试车考核期的长短一般根据安装工程合同中的约定进行确定； （2）安装工程一切险对考核期的保险责任一般不超过3个月，若超过3个月，应另行加收保险费； （3）安装工程一切险对于旧机器设备不负考核期的保险责任，也不承担其维修期的保险责任

🌟 上岸熊小贴士

有效期开始：动工或者运抵工地之日，保险单生效日是前置条件。
有效期结束：验收合格保险单终止日是前置条件。
投保人：除专用条款另有规定外，由发包人投保建设工程一切险。

熊熊总结

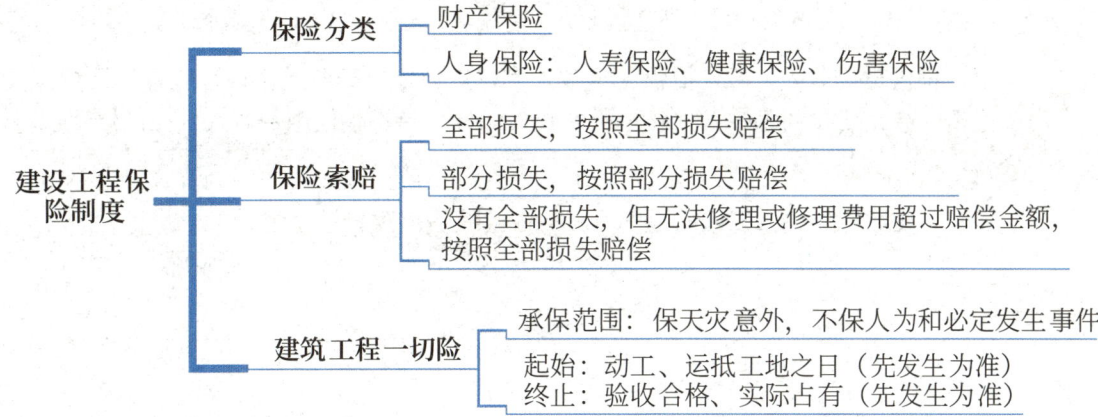

第九节 建设工程税收制度

考点一 企业所得税（★★★★）

【2018年多选题】【2018年单选题】【2019年多选题】【2020年单选题】【2022年多选题】

（一）纳税人

纳税人	对我国境内的企业和其他取得收入的组织的生产经营所得和其他所得征收的所得税。（不包括个体工商户、个人独资企业、合伙企业）		
	居民企业	依法在中国境内成立，或者依照外国（地区）法律成立但实际管理机构在中国境内的企业	
	非居民企业	依照外国（地区）法律成立且实际管理机构不在中国境内，但在中国境内设立机构、场所的，或者在中国境内未设立机构、场所，但有来源于中国境内所得的企业	

（二）征税对象和税率

企业所得	包含		税率
居民企业所得	在中国境内所得		25%
	境外所得		
非居民企业所得	在中国境内设立机构、场所	在中国境内所得	
		在境外所得（与所设机构、场所有实际联系的所得）	
	在中国境内未设立机构、场所，或虽设立，但没有实际联系的	来源于中国境内所得	20%

(三) 应纳税所得额

公式	应纳税所得额＝收入总额－不征税收入－免税收入－各项扣除－允许弥补的以前年度亏损
收入总额	（1）销售货物收入；（2）提供劳务收入；（3）转让财产收入；（4）股息、红利等权益性投资收益；（5）利息收入；（6）租金收入；（7）特许权使用费收入；（8）接受捐赠收入
不征税收入	（1）财政拨款； （2）依法收取并纳入财政管理的行政事业性收费、政府性基金

> 🐻 上岸熊小贴士
>
> 企业所得税：财政拨款、行政收费、政府基金不收税。

考点二 个人所得税（★★★）

【2019年单选题】【2020年多选题】【2021年多选题】【2022年单选题】

（一）纳税人

名称	内容
居民个人	（1）在中国境内有住所，或者无住所而一个纳税年度内在中国境内居住累计满183天的个人，为居民个人。 （2）居民个人从中国境内和境外取得的所得，依法缴纳个人所得税
非居民个人	（1）在中国境内无住所又不居住，或者无住所而一个纳税年度内在中国境内居住累计不满183天的个人，为非居民个人。 （2）非居民个人从中国境内取得的所得，依法缴纳个人所得税

（二）征税范围和税率

征税范围		计税规则	税率
（1）工资、薪金所得 （2）劳务报酬所得 （3）稿酬所得 （4）特许权使用费所得	综合所得	超额累进税率	居民个人：纳税年度合并计算 非居民个人：按月或按次分项计算	3%~45%
（5）经营所得		—	5%~35%
（6）利息、股息、红利所得 （7）财产租赁所得 （8）财产转让所得 （9）偶然所得		比例税率	20%

（三）减免税优惠

免征 个人所得税	（1）省级人民政府、国务院部委和中国人民解放军军以上单位，以及外国组织、国际组织颁发的科学、教育、技术、文化、卫生、体育、环境保护等方面的奖金； （2）国债和国家发行的金融债券利息； （3）按照国家统一规定发给的补贴、津贴； （4）福利费、抚恤金、救济金； （5）保险赔款； （6）军人的转业费、复员费、退役金； （7）按照国家统一规定发给干部、职工的安家费、退职费、基本养老金或退休费、离休费、离休生活补助费； （8）依照我国有关法律规定应予免税的各国驻华使馆、领事馆的外交代表、领事官员和其他人员的所得； （9）中国政府参加的国际公约、签订的协议中规定免税的所得
减征 个人所得税	（1）残疾、孤老人员和烈属的所得； （2）因自然灾害遭受重大损失的

（四）纳税扣缴和申报

纳税申报	（1）取得综合所得需要办理汇算清缴； （2）取得应税所得没有扣缴义务人； （3）取得应税所得，扣缴义务人未扣缴税款； （4）取得境外所得； （5）因移居境外注销中国户籍； （6）非居民个人在中国境内从两处以上取得工资、薪金所得

> **上岸熊小贴士**
>
> 个人所得税税率：体力智力所得3%~45%，经营所得5%~35%，不劳而获20%。

考点三 企业增值税（★★★）

【2018年多选题】【2019年单选题】【2020年单选题】【2021年单选题】

（一）纳税人

在中国境内销售货物或提供加工、修理修配劳务，销售服务、无形资产、不动产及进口货物的单位和个人，为增值税的纳税人。

（二）应纳税额的计算

销项税额	纳税人发生应税销售行为，按照销售额和规定的税率计算收取的增值税额
进项税额	纳税人购进货物、劳务、服务、无形资产、不动产支付或者负担的增值税额
应纳税额	应纳税额＝当期销项税额－当期进项税额 （1）当期销项税额小于进项税额不足抵扣时，不足部分可以结转下期继续抵扣； （2）纳税人兼营不同税率的项目，应当分别核算不同税率项目的销售额；未分别核算销售额的，从高适用税率
增值税专用发票	（1）纳税人发生应税销售行为，应当向索取增值税专用发票的购买方开具增值税专用发票，并在增值税专用发票上分别注明销售额和销项税额。 （2）不得开具增值税专用发票的情形： ①应税销售行为的购买方为消费者个人的； ②发生应税销售行为适用免税规定的

（三）销项税额的抵扣

准予抵扣	（1）从销售方取得的增值税专用发票上注明的增值税额； （2）从海关取得的海关进口增值税专用缴款书上注明的增值税额； （3）购进农产品，除取得增值税专用发票或者海关进口增值税专用缴款书外，按照农产品收购发票或者销售发票上注明的农产品买价和11%的扣除率计算的进项税额，国务院另有规定的除外； （4）自境外单位或者个人购进劳务、服务、无形资产或者境内的不动产，从税务机关或者扣缴义务人取得的代扣代缴税款的完税凭证上注明的增值税额
不得抵扣	（1）用于简易计税方法计税项目、免征增值税项目、集体福利或者个人消费的购进货物、劳务、服务、无形资产和不动产； （2）非正常损失的购进货物，以及相关的劳务和交通运输服务； （3）非正常损失的在产品、产成品所耗用的购进货物（不包括固定资产）、劳务和交通运输服务

考点四 环境保护税（★★）

【2019年多选题】

（一）纳税人

纳税人	直接向环境排放应税污染物的企业事业单位和其他生产经营者
不缴纳环境保护税的情形	（1）企业事业单位和其他生产经营者向依法设立的污水集中处理、生活垃圾集中处理场所排放应税污染物的； （2）企业事业单位和其他生产经营者在符合国家和地方环境保护标准的设施、场所贮存或者处置固体废物的

（二）计税依据和应纳税额

应税污染物的计税依据，按照下列方法确定：

（1）应税大气污染物按照污染物排放量折合的污染当量数确定；
（2）应税水污染物按照污染物排放量折合的污染当量数确定；
（3）应税固体废物按照固体废物的排放量确定；
（4）应税噪声按照超过国家规定标准的分贝数确定。

考点五 城市维护建设税、城镇土地使用税、房产税、车船税、印花税、车辆购置税、契税（★★★）

城市维护建设税 【2020年单选题】 【2021年单选题】	（1）在中华人民共和国境内缴纳增值税、消费税的单位和个人，为城市维护建设税的纳税人。 （2）城市维护建设税以纳税人依法实际缴纳的增值税、消费税税额为计税依据。 （3）城市维护建设税税率如下： ①纳税人所在地在市区的，税率为7%； ②纳税人所在地在县城、镇的，税率为5%； ③纳税人所在地不在市区、县城或者镇的，税率为1%。 （4）城市维护建设税的纳税义务发生时间与增值税、消费税的纳税义务发生时间一致，分别与增值税、消费税同时缴纳
城镇土地使用税 【2022年单选题】	（1）土地使用税以纳税人实际占用的土地面积为计税依据，依照规定税额计算征收。 （2）经省、自治区、直辖市人民政府批准，经济落后地区土地使用税的适用税额标准可以适当降低，但降低额不得超过《城镇土地使用税暂行条例》规定最低税额的30%。经济发达地区土地使用税的适用税额标准可以适当提高，但须报经财政部批准。 （3）下列土地免缴土地使用税： ①国家机关、人民团体、军队自用的土地； ②由国家财政部门拨付事业经费的单位自用的土地； ③宗教寺庙、公园、名胜古迹自用的土地； ④市政街道、广场、绿化地带等公共用地； ⑤直接用于农、林、牧、渔业的生产用地； ⑥经批准开山填海整治的土地和改造的废弃土地，从使用的月份起免缴土地使用税5年至10年； ⑦由财政部另行规定免税的能源、交通、水利设施用地和其他用地。 （4）土地使用税按年计算、分期缴纳

续表

房产税 【2021年多选题】	（1）房产税在城市、县城、建制镇和工矿区征收。 （2）房产税由产权所有人缴纳。 （3）房产税依照房产原值一次减除10%至30%后的余值计算缴纳。 （4）房产税的税率，依照房产余值计算缴纳的，税率为1.2%；依照房产租金收入计算缴纳的，税率为12%。 （5）下列房产免纳房产税： ①国家机关、人民团体、军队自用的房产； ②由国家财政部门拨付事业经费的单位自用的房产； ③宗教寺庙、公园、名胜古迹自用的房产； ④个人所有非营业用的房产； ⑤经财政部批准免税的其他房产
免征 车船税 【2020年多选题】	（1）捕捞、养殖渔船； （2）军队、武装警察部队专用的车船； （3）警用车船； （4）悬挂应急救援专用号牌的国家综合性消防救援车辆和国家综合性消防救援专用船舶； （5）依照法律规定应当予以免税的外国驻华使领馆、国际组织驻华代表机构及其有关人员的车船
印花税 【2018年多选题】	（1）在中华人民共和国境内书立应税凭证、进行证券交易的单位和个人，为印花税的纳税人。应税凭证，是指《中华人民共和国印花税法》所附《印花税税目税率表》列明的合同、产权转移书据和营业账簿。 （2）印花税的计税依据如下： ①应税合同的计税依据，为合同所列的金额，不包括列明的增值税税款； ②应税产权转移书据的计税依据，为产权转移书据所列的金额，不包括列明的增值税税款； ③应税营业账簿的计税依据，为账簿记载的实收资本（股本）、资本公积合计金额； ④证券交易的计税依据，为成交金额。 （3）下列凭证免征印花税： ①应税凭证的副本或者抄本； ②无息或者贴息借款合同、国际金融组织向中国提供优惠贷款书立的借款合同； ③财产所有权人将财产赠与政府、学校、社会福利机构、慈善组织书立的产权转移书据； ④个人与电子商务经营者订立的电子订单……
免征车辆购置税	（1）依照法律规定应当予以免税的外国驻华使馆、领事馆和国际组织驻华机构及其有关人员自用的车辆； （2）中国人民解放军和中国人民武装警察部队列入装备订货计划的车辆； （3）悬挂应急救援专用号牌的国家综合性消防救援车辆； （4）设有固定装置的非运输专用作业车辆； （5）城市公交企业购置的公共汽电车辆

续表

契税 【2022年多选题】	（1）在中华人民共和国境内**转移土地、房屋权属**，承受的单位和个人为契税的纳税人。 （2）转移土地、房屋权属，是指下列行为： ①土地使用权出让； ②土地使用权转让，包括出售、赠与、互换（不包括土地承包经营权和土地经营权的转移）； ③房屋买卖、赠与、互换。 （3）以作价投资（入股）、偿还债务、划转、奖励等方式转移土地、房屋权属的，应当依照《中华人民共和国契税法》规定征收契税。 （4）有下列情形之一的，免征契税： ①国家机关、事业单位、社会团体、军事单位承受土地、房屋权属用于办公、教学、医疗、科研、军事设施； ②非营利性的学校、医疗机构、社会福利机构承受土地、房屋权属用于办公、教学、医疗、科研、养老、救助； ③承受荒山、荒地、荒滩土地使用权用于农、林、牧、渔业生产； ④婚姻关系存续期间**夫妻之间变更**土地、房屋权属； ⑤法定继承人通过**继承承受**土地、房屋权属； ⑥依照法律规定应当予以免税的外国驻华使馆、领事馆和国际组织驻华代表机构承受土地、房屋权属

> 🔖 **上岸熊小贴士**

车船税：渔业、军用、警用、使馆不收，注意与车辆购置税进行区分。

熊熊总结

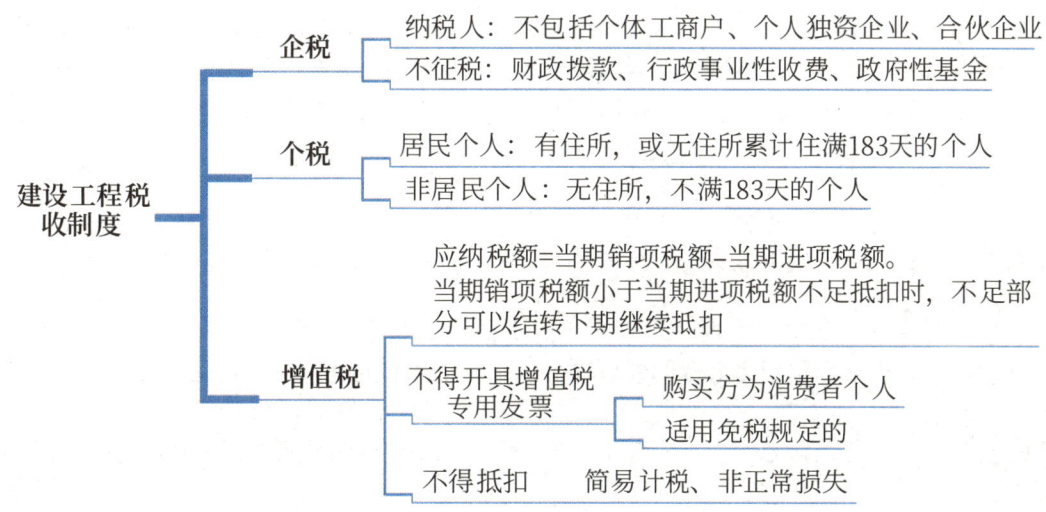

第十节　建设工程法律责任制度

考点一　民事责任、行政责任、刑事责任的种类及承担方式（★★★★★）

【2018年单选题】【2018年多选题】【2019年单选题】【2019年多选题】【2020年单选题】【2020年多选题】【2021年单选题】【2022年单选题】

民事责任 （民—民）	违约责任	继续履行；采取补救措施；停止违约行为；赔偿损失；支付违约金或定金等
	侵权责任	停止侵害；排除妨碍；消除危险；返还财产；恢复原状；修理、重做、更换；赔偿损失；消除影响、恢复名誉；赔礼道歉
行政责任	行政处罚 （官—民）	警告、通报批评；罚款、没收违法所得、没收非法财物；暂扣许可证件、降低资质等级、吊销许可证件；限制开展生产经营活动、责令停产停业、责令关闭、限制从业；行政拘留；法律、行政法规规定的其他行政处罚
	行政处分 （官—官）	警告；记过；记大过；降级；撤职；开除
刑事责任 （国家—罪犯）	主刑	管制；拘役；有期徒刑；无期徒刑；死刑
	附加刑	罚金；剥夺政治权利；没收财产；驱逐出境

考点二　建设工程常见刑事法律责任（★★）

【2021年多选题】

工程重大安全事故罪	建设单位、设计单位、施工单位、工程监理单位违反国家规定，降低工程质量标准，造成重大安全事故的，对直接责任人员，处5年以下有期徒刑或者拘役，并处罚金；后果特别严重的，处5年以上10年以下有期徒刑，并处罚金
重大责任事故罪	在生产、作业中违反有关安全管理规定，或者强令他人违章冒险作业，或者明知存在重大事故隐患而不排除
重大劳动安全事故罪	安全生产设施或安全生产条件不符合国家规定
串通投标罪	投标人相互串通投标报价，损害招标人或者其他投标人利益，情节严重的，处3年以下有期徒刑或者拘役，并处或者单处罚金
"造成重大安全事故"认定标准	1人以上死亡，或者3人以上重伤，或者直接经济损失100万元以上

熊熊总结

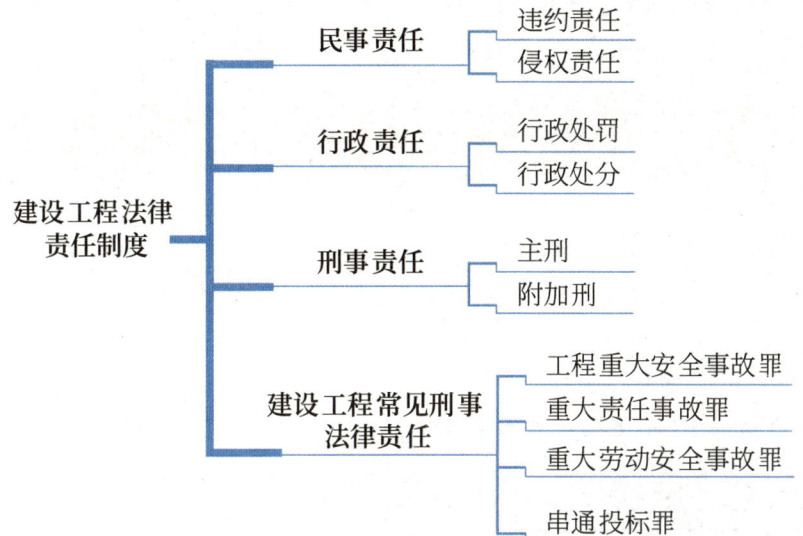

第二章 施工许可法律制度

第一节 建设工程施工许可制度

考点一 施工许可证的适用范围（★★★★★）

【2019年多选题】【2020年单选题】【2021年多选题】

需要办理施工许可证的建设工程	不需要办理施工许可证的建设工程
(1) 各类房屋建筑及其附属设施的建造、装修装饰和与其配套的线路、管道、设备的安装； (2) 城镇市政基础设施工程的施工。	(1) 限额以下的小型工程：工程投资额在30万元以下或者建筑面积在300m²以下的建筑工程； (2) 抢险救灾及其他临时性房屋建筑和农民自建低层住宅； (3) 按照国务院规定的权限和程序批准开工报告的建筑工程； (4) 军用房屋建筑工程

上岸熊小贴士

不需要办理施工许可证的类型：小（300m²以下或30万元以下），急（抢险救灾），临时、农、军，已领开工报告。

考点二 申请主体和法定批准条件（★★★★★）

【2018年单选题】【2019年单选题】【2019年多选题】【2022年单选题】【2022年多选题】

申请主体	建设单位应当按照国家有关规定向工程所在地县级以上人民政府建设行政主管部门申请领取施工许可证
证书形式	全面推行施工许可证电子证照。电子证照与纸质证照具有同等法律效力

法定批准条件	（1）依法应当办理用地批准手续的，已经办理该建筑工程用地批准手续。 （2）依法应当办理建设工程规划许可证的，已经取得建设工程规划许可证： ①划拨土地（先证后地）：建设用地规划许可证→申请划拨土地取得建设用地使用权→建设工程规划许可证； ②出让土地（先地后证）：签订出让合同取得建设用地使用权→建设用地规划许可证→建设工程规划许可证。 （3）施工场地已经基本具备施工条件，需要征收房屋的，进度符合施工要求。 （4）已经确定施工企业。 （5）有满足施工需要的资金安排、施工图纸及技术资料，建设单位应当提供建设资金已经落实承诺书，施工图设计文件已按规定审查合格。 （6）有保证工程质量和安全的具体措施

考点三 延期开工、核验和重新办理批准的规定（★★★★★）

【2018年单选题】【2018年多选题】【2019年单选题】【2021年单选题】【2022年单选题】

施工许可证	开工		3个月内
	可申请延期		两次为限，每次不超过3个月
	自行废止		既不开工又不申请延期或超过延期时限
	中止施工		1个月内向发证机关报告， 建设单位按照规定做好建筑工程的维护管理工作
	恢复施工	不满1年	向发证机关报告
		满1年	恢复前，核验施工许可证 符合条件的，继续有效；不符合条件的，收回施工许可证，待条件具备后重新申领
开工报告	不能按期开工或者中止施工		及时向批准机关报告
	不能按期开工超过6个月		重新办理开工报告的批准手续

熊熊总结

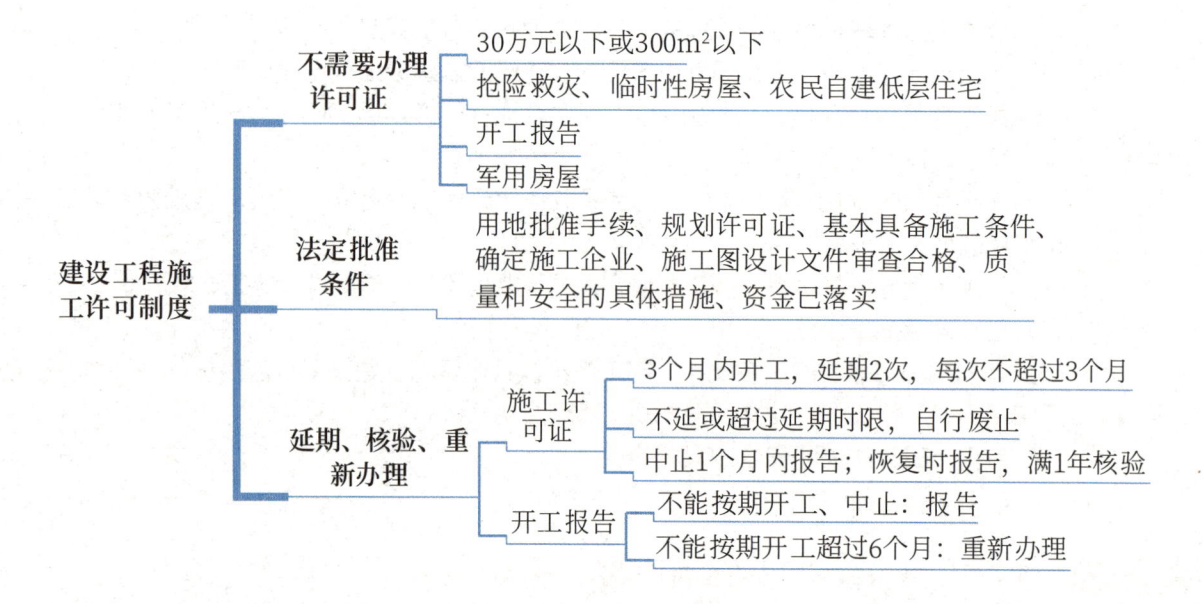

建设工程施工许可制度
- 不需要办理许可证
  - 30万元以下或300m²以下
  - 抢险救灾、临时性房屋、农民自建低层住宅
  - 开工报告
  - 军用房屋
- 法定批准条件
  - 用地批准手续、规划许可证、基本具备施工条件、确定施工企业、施工图设计文件审查合格、质量和安全的具体措施、资金已落实
- 延期、核验、重新办理
  - 施工许可证
    - 3个月内开工，延期2次，每次不超过3个月
    - 不延或超过延期时限，自行废止
    - 中止1个月内报告；恢复时报告，满1年核验
  - 开工报告
    - 不能按期开工、中止：报告
    - 不能按期开工超过6个月：重新办理

第二节 施工企业从业资格制度

考点一 施工企业资质的法定条件（★★）

【2018年多选题】

法定条件	注意事项
有符合规定的净资产	企业净资产是指企业的资产总额减去负债以后的净额
有符合规定的主要人员	除各类别最低等级资质外，取消关于注册建造师、中级以上职称人员、技术工人的指标考核
有符合规定的已完成工程业绩	对申请建筑工程、市政公用工程施工总承包特级、一级资质的企业，未进入全国建筑市场监管与诚信信息发布平台的企业业绩，不作为有效业绩认定
有符合规定的技术装备	施工单位必须使用与其从事施工活动相适应的技术装备，而许多大中型机械设备都可以采用租赁或融资租赁方式取得

考点二 施工企业的资质序列、类别和等级（★★）

【2019年单选题】【2021年多选题】

序列	类别	等级
施工综合资质	不分等级，可承担各行业、各等级施工总承包业务	
施工总承包资质	13个类别	甲级、乙级
专业承包资质	18个类别	甲级、乙级（部分不分等级）
专业作业资质	不分类别	不分等级，由审批制改为备案制

考点三 施工企业资质证书的申请、延续和变更（★★★★★）

【2018年单选题】【2019年多选题】【2022年单选题】

申请	企业可以申请一项或多项资质；首次申请或增项申请资质，应当申请最低等级资质
延续	(1) 资质证书有效期为5年； (2) 应当于资质证书有效期届满3个月前，向原资质许可机关提出延续申请； (3) 资质许可机关应当在建筑企业资质证书有效期届满前做出是否准予延续的决定，逾期未作出决定的，视为准予延续
变更	(1) 企业申请办理住所等相关变更登记的，有关部门应当依法及时办理，不得限制。除法律、法规、规章另有规定外，企业迁移后其持有的有效许可证件不再重复办理。 (2) 企业名称、地址、注册资本、法定代表人等发生变更的，应当在工商变更后1个月内办理资质证书变更手续
遗失补办	由申请人告知资质许可机关，由资质许可机关在官网发布信息
重新核定	企业发生合并、分立、重组以及改制等，需承继原建筑企业资质的，应当申请重新核定建筑企业资质等级
撤回	(1) 企业不再符合相应建筑业企业资质标准要求条件（拿证后）； (2) 被撤回建筑业企业资质证书的企业，可以在资质被撤回后3个月内，向资质许可机关提出核定低于原等级同类别资质的申请
撤销	企业非法取得的（拿证过程中）
注销	(1) 资质证书有效期届满，未依法申请延续的； (2) 企业依法终止的； (3) 资质证书依法被撤回、撤销或吊销的； (4) 企业提出注销申请的

考点四 外商投资建筑业企业的规定（★）

【2022年多选题】

概念	外商投资，是指外国的自然人、企业或者其他组织直接或者间接在中国境内进行的投资活动，包括下列情形： (1) 外国投资者单独或者与其他投资者共同在中国境内设立外商投资企业； (2) 外国投资者取得中国境内企业的股份、股权、财产份额或者其他类似权益； (3) 外国投资者单独或者与其他投资者共同在中国境内投资新建项目； (4) 法律、行政法规或者国务院规定的其他方式的投资
外商投资建筑业企业的准入	外国投资者在依法需要取得许可的行业、领域进行投资的，应当依法办理相关许可手续。有关主管部门应当按照与内资一致的条件和程序，审核外国投资者的许可申请，法律、行政法规另有规定的除外
外商投资建筑业企业的组织形式	外商投资企业的组织形式、组织机构及其活动准则，适用《中华人民共和国公司法》《中华人民共和国合伙企业法》等法律的规定
外商投资建筑业企业的依法经营和信息报告制度	外国投资者并购中国境内企业或者以其他方式参与经营者集中的，应当依照《中华人民共和国反垄断法》的规定接受经营者集中审查； 外国投资者或者外商投资企业应当通过企业登记系统以及企业信用信息公示系统向商务主管部门报送投资信息

考点五 禁止无资质、越级、以他企业名义或他企业以本企业名义承揽工程的规定（★★）

【2021年单选题】

禁止无资质承揽工程	(1) 承包建筑工程的单位应当持有依法取得的资质证书，并在其资质等级许可的业务范围内承揽工程； (2) 无资质承包主体签订的专业分包合同或者劳务分包合同都是无效合同； (3) 实际施工人以转包人、违法分包人为被告起诉的，人民法院应当依法受理； (4) 实际施工人以发包人为被告主张权利的，人民法院应当追加转包人或者违法分包人为本案第三人，在查明发包人欠付转包人或者违法分包人建设工程价款的数额后，判决发包人在欠付建设工程价款范围内对实际施工人承担责任
禁止越级承揽工程	(1) 禁止施工单位超越本单位资质等级许可的业务范围承揽工程； (2) 两个以上不同资质等级的单位实行联合共同承包的，应当按照资质等级低的单位的业务许可范围承揽工程； (3) 禁止总承包单位将工程分包给不具备相应资质条件的单位
禁止以他企业名义	禁止建筑施工企业超越本企业资质等级许可的业务范围或者以任何形式用其他建筑施工企业的名义承揽工程
禁止他企业以本企业名义	禁止建筑施工企业以任何形式允许其他单位或者个人使用本企业的资质证书、营业执照，以本企业的名义承揽工程

上岸熊小贴士

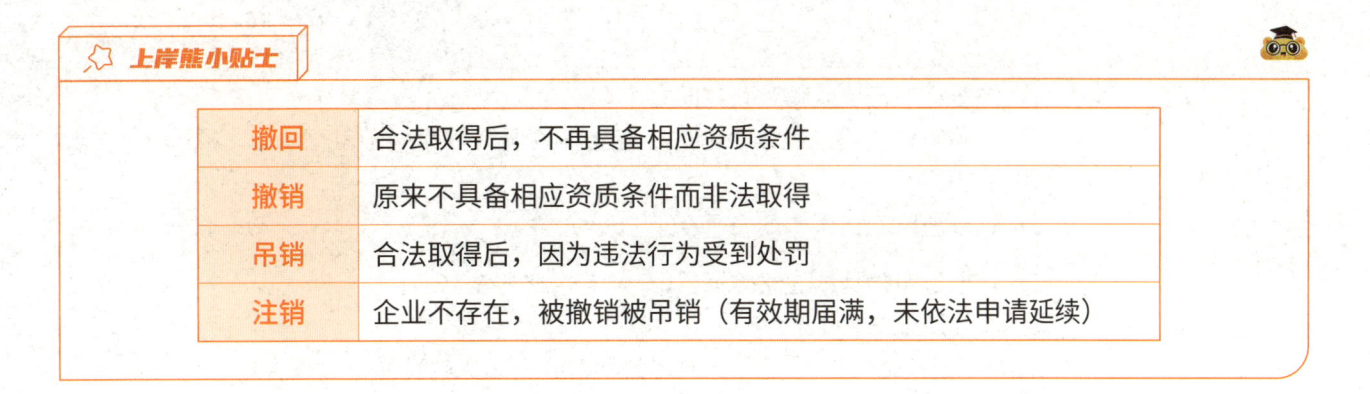

撤回	合法取得后，不再具备相应资质条件
撤销	原来不具备相应资质条件而非法取得
吊销	合法取得后，因为违法行为受到处罚
注销	企业不存在，被撤销被吊销（有效期届满，未依法申请延续）

熊熊总结

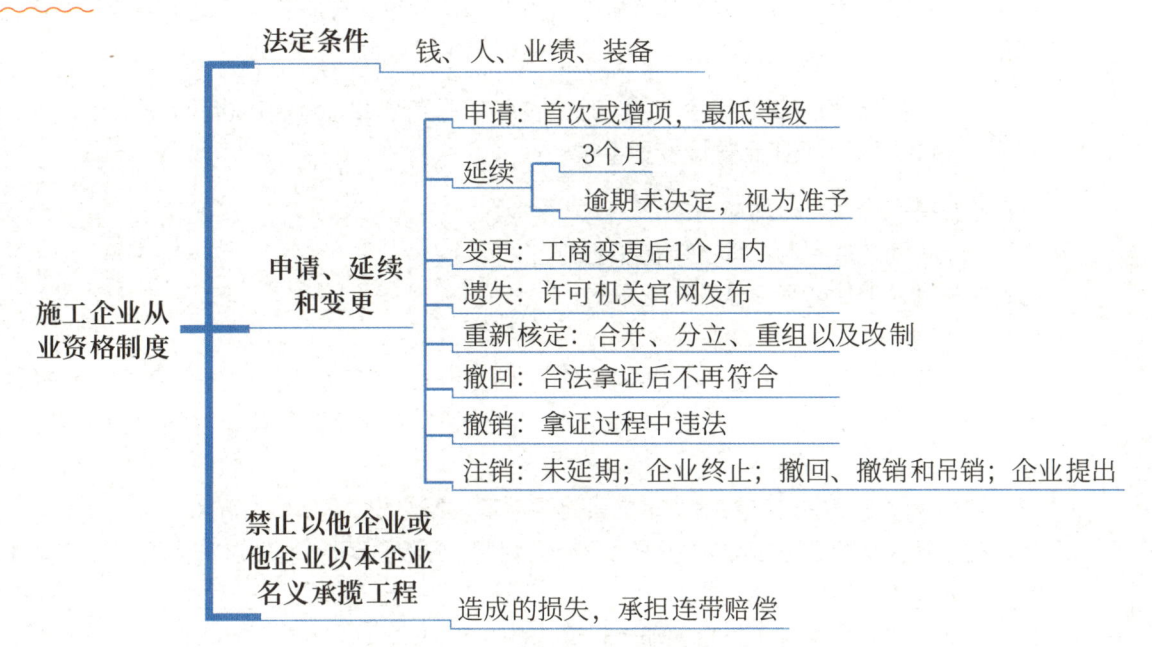

施工企业从业资格制度
- 法定条件：钱、人、业绩、装备
- 申请、延续和变更
  - 申请：首次或增项，最低等级
  - 延续
    - 3个月
    - 逾期未决定，视为准予
  - 变更：工商变更后1个月内
  - 遗失：许可机关官网发布
  - 重新核定：合并、分立、重组以及改制
  - 撤回：合法拿证后不再符合
  - 撤销：拿证过程中违法
  - 注销：未延期；企业终止；撤回、撤销和吊销；企业提出
- 禁止以他企业或他企业以本企业名义承揽工程
  - 造成的损失，承担连带赔偿

第三节 建造师注册执业制度

考点一 一级建造师的注册（★★★）

【2019年单选题】【2021年单选题】

初始注册	时限	(1) 初始注册者，可自资格证书签发之日起 3年内 提出申请； (2) 逾期未申请者，须符合本专业 继续教育 的要求后方可申请初始注册
	申请材料	(1) 注册建造师初始注册申请表； (2) 学历证书和身份证明复印件； (3) 申请人与聘用单位签订的聘用劳动合同复印件或其他有效证明文件； (4) 逾期申请初始注册的，应当提供达到继续教育要求的证明材料

续表

延续注册	时限	(1) 注册证书与执业印章有效期为3年； (2) 注册有效期满需继续执业的，应当在注册有效期届满30日前，按照规定申请延续注册； (3) 延续注册的，有效期为3年
	申请材料	(1) 注册建造师延续注册申请表； (2) 原注册证书； (3) 申请人与聘用单位签订的聘用劳动合同复印件或其他有效证明文件； (4) 申请人注册有效期内达到继续教育要求的证明材料
变更注册	变更情形	在注册有效期内，注册建造师变更执业单位，应当与原聘用单位解除劳动关系，并按照规定办理变更注册手续，变更注册后仍延续原注册有效期
	时限	注册建造师变更聘用企业的，应当在与新聘用企业签订聘用合同后的1个月内，通过新聘用企业申请办理变更手续
不予注册		(1) 不具有完全民事行为能力的； (2) 申请在两个或者两个以上单位注册的； (3) 未达到注册建造师继续教育要求的； (4) 受到刑事处罚，刑事处罚尚未执行完毕的； (5) 因执业活动受到刑事处罚，自刑事处罚执行完毕之日起至申请注册之日止不满5年的； (6) 因前项规定以外的原因受到刑事处罚，自处罚决定之日起至申请注册之日止不满3年的； (7) 被吊销注册证书，自处罚决定之日起至申请注册之日止不满2年的； (8) 在申请注册之日前3年内担任项目经理期间，所负责项目发生过重大质量和安全事故的； (9) 申请人的聘用单位不符合注册单位要求的； (10) 年龄超过65周岁的

考点二 受聘单位与执业范围（★★）

【2018年单选题】【2020年单选题】

受聘单位	具有建设工程勘察、设计、施工、监理、招标代理、造价咨询等一项或者多项资质的单位
执业范围	(1) 担任建设工程项目施工的项目经理：一级注册建造师可担任大、中、小型工程施工项目负责人； (2) 从事其他施工活动的管理工作； (3) 法律、行政法规或国务院建设行政主管部门规定的其他业务

考点三 可同时担任两个及以上建设工程施工项目负责人和更换施工项目负责人的情形（★★★★）

【2018年单选题】【2022年单选题】

可同时担任两个及以上建设工程施工项目负责人的情形	注册建造师不得同时担任两个及以上建设工程施工项目负责人。发生下列情形之一的除外： (1) 同一工程相邻分段发包或分期施工的； (2) 合同约定的工程验收合格的； (3) 因非承包方原因致使工程项目停工超过120天（含），经建设单位同意的
可更换施工项目负责人的情形	注册建造师担任施工项目负责人期间原则上不得更换。如发生下列情形之一的，应当办理书面交接手续后更换施工项目负责人： (1) 发包方与注册建造师受聘企业已解除承包合同的； (2) 发包方同意更换项目负责人的； (3) 因不可抗力等特殊情况必须更换项目负责人的

> **上岸熊小贴士**
>
> 注意"可同时担任两个及以上建设工程施工项目负责人"的第三条，需满足三个条件：非承包方原因，停工超过120天（含），经建设单位同意。缺一不可。

考点四 不认定为"挂证"行为的情形（★★★★）

【2020年单选题】【2020年多选题】【2021年单选题】

挂证情形	对实际工作单位与注册单位一致，但社会保险缴纳单位与注册单位不一致的人员
不认定为"挂证"	(1) 达到法定退休年龄正式退休和依法提前退休的； (2) 因事业单位改制等原因保留事业单位身份，实际工作单位为所在事业单位下属企业，社会保险由该事业单位缴纳的； (3) 属于大专院校所属勘察设计、工程监理、工程造价单位聘请的本校在职教师或科研人员，社会保险由所在院校缴纳的； (4) 属于军队自主择业人员的； (5) 因企业改制、征地拆迁等买断社会保险的

考点五 有关政府信息公开行为的行政复议【2023年新增】

《国务院办公厅转发司法部关于审理政府信息公开行政复议案件若干问题指导意见的通知》规定，公民、法人或者其他组织认为政府信息公开行为侵犯其合法权益，有下列情形之一的，可以依法向行政复议机关提出行政复议申请：（1）向行政机关申请获取政府信息，行政机关答复不予公开（含部分不予公开，下同）、无法提供、不予处理或者逾期未作出处理的；（2）认为行政机关提供的政府信息不属于其申请公开的内容的；（3）认为行政机关告知获取政府信息的方式、途径或者时间错误的；（4）认为行政机关主动公开或者依申请公开的政府信息侵犯其商业秘密、个人隐私的；（5）认为行政机关的其他政府信息公开行为侵犯其合法权益的。

熊熊总结

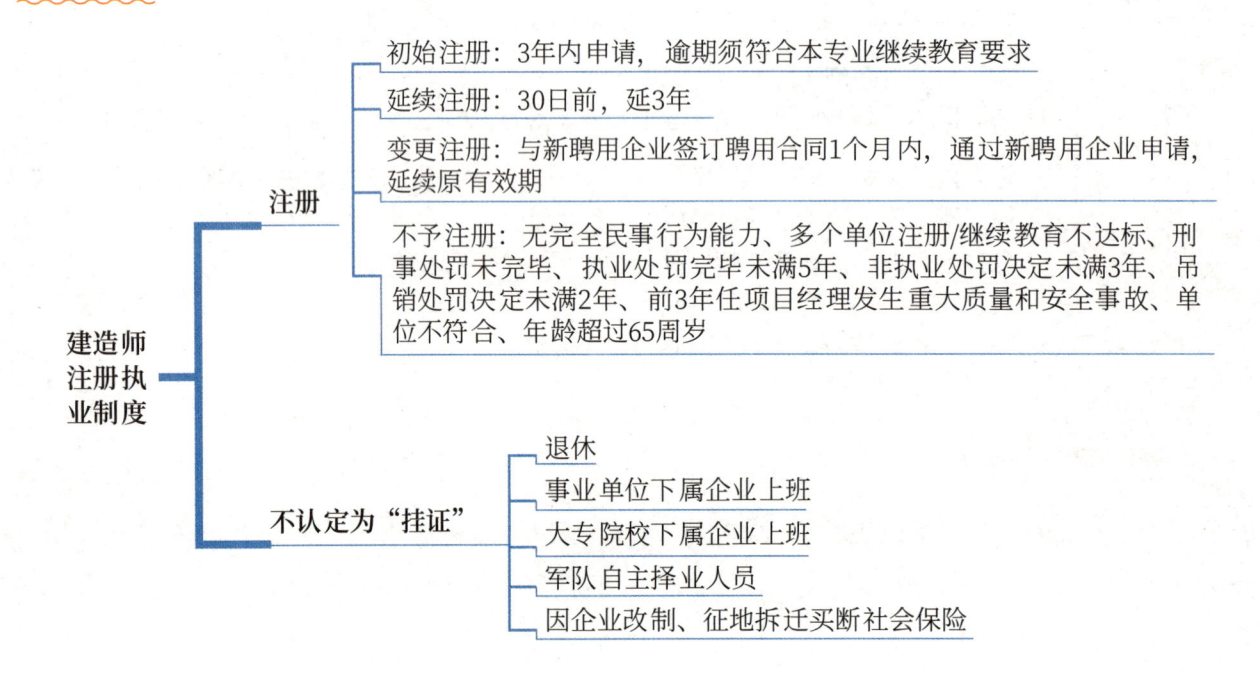

```
                    ┌─ 初始注册：3年内申请，逾期须符合本专业继续教育要求
                    ├─ 延续注册：30日前，延3年
              ┌─注册─┤ 变更注册：与新聘用企业签订聘用合同1个月内，通过新聘用企业申请，
              │     │          延续原有效期
              │     └─ 不予注册：无完全民事行为能力、多个单位注册/继续教育不达标、刑
建造师        │                事处罚未完毕、执业处罚完毕未满5年、非执业处罚决定未满3年、吊
注册执业制度──┤                销处罚决定未满2年、前3年任项目经理发生重大质量和安全事故、单
              │                位不符合、年龄超过65周岁
              │                  ┌─ 退休
              │                  ├─ 事业单位下属企业上班
              └─不认定为"挂证"─┤ 大专院校下属企业上班
                                  ├─ 军队自主择业人员
                                  └─ 因企业改制、征地拆迁买断社会保险
```

第三章 建设工程发承包法律制度

第一节 建设工程招标投标制度

考点一 必须招标的项目规定（★★★）

招标范围	招标规模
（1）大型基础设施、公用事业等关系社会公共利益、公众安全的项目。 （2）全部或者部分使用国有资金投资或者国家融资的项目。 ①使用预算资金200万元人民币以上，并且该资金占投资额10%以上的项目； ②使用国有企事业单位资金，并且该资金占控股或者主导地位的项目； （3）使用国际组织或者外国政府贷款、援助资金的项目	（1）施工单项合同估算价≥400万元； （2）重要设备、材料等货物采购，单项合同估算价≥200万元； （3）勘察、设计、监理等服务采购，单项合同估算价≥100万元

考点二 可以不招标与邀请招标的情形（★★★★）

【2020年多选题】【2022年单选题】

应当招标可以不招标的情形	应当公开招标可以改为邀请招标的情形
（1）涉及国家秘密、国家安全、抢险救灾而不适宜招标的； （2）利用扶贫资金实行以工代赈、需要使用农民工而不适宜招标的； （3）需要采用不可替代的专利或专有技术； （4）采购人依法能够自行建设、生产或提供； （5）已通过招标方式选定的特许经营项目投资人依法能够自行建设、生产或提供； （6）需要向原中标人采购工程、货物或服务，否则将影响施工或者功能配套要求	（1）技术复杂、有特殊要求或者受自然环境限制，只有少量潜在投标人可供选择； （2）采用公开招标方式的费用占项目合同金额的比例过大

> **上岸熊小贴士**
>
> 邀请招标特殊原因："人少钱多"。

考点三　招标方式（★★）

【2022年多选题】

公开招标	招标人以招标公告的方式邀请不特定的法人或者其他组织投标
邀请招标	（1）招标人以投标邀请书的方式邀请特定的法人或者其他组织投标； （2）国务院发展计划部门确定的国家重点项目不适宜公开招标的，由国务院发展计划部门批准，可以进行邀请招标； （3）省、自治区、直辖市人民政府确定的地方重点项目不适宜公开招标的，经省、自治区、直辖市人民政府批准，可以进行邀请招标
两阶段招标	（1）适用范围：技术复杂或无法精确拟定技术规格的项目； （2）第一阶段：投标人按照招标公告或者投标邀请书的要求提交不带报价的技术建议，招标人根据投标人提交的技术建议确定技术标准和要求，编制招标文件； （3）第二阶段：招标人向在第一阶段提交技术建议的投标人提供招标文件，投标人按照招标文件的要求提交包括最终技术方案和投标报价的投标文件

> **上岸熊小贴士**
>
> 跟钱有关的在第二阶段。

考点四　招标基本程序（★★★★★）

履行项目审批手续
需要履行项目审批、核准手续的依法必须进行招标的项目，其招标范围、招标方式、招标组织形式应当报项目审批、核准部门审批、核准

委托招标代理机构
（1）招标人具有编制招标文件和组织评标能力的，可以自行办理招标事宜。 （2）任何单位和个人不得强制其委托招标代理机构办理招标事宜

编制招标文件、标底及工程量清单计价【2018年单选题】【2021年单选题】
（1）招标人可以自行决定是否编制标底，一个招标项目只能有一个标底，标底必须保密； （2）招标人不得规定最低投标限价； （3）招标人设有最高投标限价的，应当在招标文件中明确最高投标限价或者最高投标限价的计算方法； （4）国有资金投资的建筑工程招标的，应当设有最高投标限价，应当采用工程量清单计价。非国有资金投资的建筑工程招标的，可以设有最高投标限价或者招标标底，鼓励采用工程量清单计价

发布招标公告或者投标邀请书	
	（1）招标人发售资格预审文件、招标文件收取的费用应当限于补偿印刷、邮寄的成本支出，不得以营利为目的； （2）投标邀请书也应当载明招标人的名称和地址、招标项目的性质、数量、实施地点和时间以及获取招标文件的办法等事项

资格审查【2018年多选题】	
资格预审	资格后审
投标前对潜在投标人进行的资格审查	开标后由评标委员会对投标人进行的资格审查
通过资格预审的申请人少于3个的，应当重新招标	投标人不符合国家或者招标文件规定的资格条件，评标委员会应当否决投标

开标【2019年单选题】【2020年单选题】	
时间	开标应当在招标文件确定的提交投标文件截止时间的同一时间公开进行；开标地点应当为招标文件中预先确定的地点
程序	（1）开标由招标人主持，邀请所有投标人参加。 （2）开标时，由投标人或者其推选的代表检查投标文件的密封情况，也可以由招标人委托的公证机构检查并公证；经确认无误后，由工作人员当众拆封，宣读投标人名称、投标价格和投标文件的其他主要内容。开标过程应当记录，并存档备查。 （3）投标人少于3个的，不得开标，应当重新招标

评标【2022年单选题】	
评标委员会	（1）招标人要依法组建评标委员会。 成员：由招标人的代表和有关技术、经济等方面的专家组成。 要求：成员为5人以上单数；技术、经济方面专家不得少于总数的2/3；评标委员会成员的名单在中标结果确定前应当保密。 （2）评标委员会完成评标后，应当向招标人提交书面评标报告（全体成员签字），并推荐合格的中标候选人，应当不超过3个，并标明顺序
评标委员会否决投标	（1）投标文件未经投标单位盖章和单位负责人签字； （2）投标联合体没有提交共同投标协议； （3）投标人不符合国家或者招标文件规定的资格条件； （4）同一投标人提交两个以上不同的投标文件或者投标报价，但招标文件要求提交备选投标的除外； （5）投标报价低于成本或者高于招标文件设定的最高投标限价； （6）投标文件没有对招标文件的实质性要求和条件作出响应； （7）投标人有串通投标、弄虚作假、行贿等违法行为
澄清说明	（1）投标文件中有含义不明确的内容、明显文字或者计算错误，评标委员会认为需要投标人作出必须澄清、说明的，应当书面通知该投标人；

续表

澄清说明	(2) 投标人的澄清、说明应当采用书面形式，并不得超出投标文件的范围或者改变投标文件的实质性内容； (3) 评标委员会不得暗示或者诱导投标人作出澄清、说明，不得接受投标人主动提出的澄清、说明
招标人应当拒收	(1) 未通过资格预审的申请人提交的； (2) 逾期送达的； (3) 未按招标文件要求密封的
中标和签订合同【2018年单选题】【2020年单选题】【2022年单选题】	
确定中标人	(1) 招标人在评标委员会推荐的中标候选人中确定中标人； (2) 招标人授权评标委员会直接确定中标人
签书面合同	招标人和中标人应当自中标通知书发出之日起30日内，按照招标文件和中标人的投标文件订立书面合同； 国家发展改革委、住房和城乡建设部等13部门《关于严格执行招标投标法规制度进一步规范招标投标主体行为的若干意见》规定，不得随意改变法定招标程序；不得采用抽签、摇号、抓阄等违规方式直接选择投标人、中标候选人或中标人。除交易平台暂不具备条件等特殊情形外，依法必须招标项目应当实行全流程电子化交易
合同备案	当事人签订的建设工程施工合同与招标文件、投标文件、中标通知书载明的工程范围、建设工期、工程质量、工程价款不一致，一方当事人请求将招标文件、投标文件、中标通知书作为结算工程价款的依据的，人民法院应予支持
终止招标	

(1) 招标人终止招标的，应当及时发布公告，或者以书面形式通知被邀请的或者已经获取资格预审文件、招标文件的潜在投标人；
(2) 已经发售资格预审文件、招标文件或者已经收取投标保证金的，招标人应当及时退还所收取的资格预审文件、招标文件的费用，以及所收取的投标保证金及银行同期存款利息

考点五 招投标时间参数（★★）

招标人发出招标文件	提交投标文件截止时间20日前
招标人发售资格预审、招标文件	≥5日
招标人澄清、修改招标文件	提交投标文件截止时间15日前
招标人收到评标报告	3日内公示
中标候选人公示	≥3日
确定中标人向有关部门书面报告	≤15日
签订合同	≤发出中标通知书后30日

开标日＝截标日＝投标有效期的起始日＝投标保证金的有效期的起始日

> **上岸熊小贴士**
>
> 招标人澄清、修改招标文件的时间是在提交投标文件截止时间15日前，而潜在投标人对招标文件有异议是在提交投标文件截止时间前10日内提出。两个时间点容易混淆，请多加注意。

考点六 禁止限制、排斥投标人的规定（★★）

【2019年多选题】

招标人有下列行为之一的，属于以不合理条件限制、排斥潜在投标人或者投标人	（1）就同一招标项目向潜在投标人或者投标人提供有差别的项目信息； （2）设定的资格、技术、商务条件与招标项目的具体特点和实际需要不相适应或者与合同履行无关； （3）依法必须进行招标的项目以特定行政区域或者特定行业的业绩、奖项作为加分条件或者中标条件； （4）对潜在投标人或者投标人采取不同的资格审查或者评标标准； （5）限定或者指定特定的专利、商标、品牌、原产地或者供应商； （6）依法必须进行招标的项目非法限定潜在投标人或者投标人的所有制形式或者组织形式； （7）以其他不合理条件限制、排斥潜在投标人或者投标人

考点七 投标人规定（★★）

【2021年单选题】

（1）投标人参加依法必须进行招标的项目的投标，不受地区或者部门的限制。
（2）与招标人存在利害关系可能影响招标公正性的法人、其他组织或者个人，不得参加投标。
（3）单位负责人为同一人或者存在控股、管理关系的不同单位，不得参加同一标段投标或者未划分标段的同一招标项目投标。
（4）**投标人发生合并、分立、破产等重大变化的，应当及时书面告知招标人。** 投标人不再具备资格预审文件、招标文件规定的资格条件或者其投标影响招标公正性的，其投标无效。

考点八 联合体投标规定（★★★）

【2021年单选题】【2022年单选题】

适用范围	大型建设项目或者结构复杂的建设项目
组成要求	联合体各方均应具备规定的资格条件； 由同一专业的单位组成的联合体，按照资质等级较低的单位确定资质等级
组成时间	招标人接受联合体投标并进行资格预审的，联合体应当在提交资格预审申请文件前组成；资格预审后联合体增减、更换成员的，其投标无效

续表

合同签订	联合体中标的，联合体各方应当共同与招标人签订合同
责任承担	联合体各方就中标项目向招标人承担连带责任

> **上岸熊小贴士**
>
> （1）联合体，资质等级"同一专业按最低"，中标后各方与招标人共同签订合同。
> （2）联合体应在提交预审文件前组成，之后增减投标无效。

考点九 投标保证金（★★★）

【2018年单选题】【2019年多选题】【2022年单选题】

投标保证金比例	《中华人民共和国招标投标法实施条例》	投标保证金不得超过项目估算价的2%
	《工程建设项目施工招标投标办法》	投标保证金不得超过项目估算价的2%，但最高不得超过80万元人民币
两阶段招标	招标人要求投标人提交投标保证金的，应当在第二阶段提出	
投标截止日前	（1）可以补充、修改或者撤回已提交的投标文件，并书面通知招标人； （2）补充、修改的内容为投标文件的组成部分； （3）招标人应当自收到书面撤回通知之日起5日内退还投标保证金	
投标截止日后	（1）不可以做任何的补充、修改； （2）投标人撤销投标文件的，招标人可以不退还投标保证金	
招标人终止招标	招标人应当及时退还投标保证金及银行同期存款利息	
保证金退还	招标人最迟应当在书面合同签订5日内向中标人和未中标的投标人退还投标保证金及银行同期存款利息	

> **上岸熊小贴士**
>
> | | 提交人 | 防范 | 额度 | 时间 |
> |---|---|---|---|---|
> | 投标保证金 | 所有投标人 | 不审慎投标 | ≤项目估算价的2%，且≤80万元 | 5日内退还 |
> | 履约保证金 | 中标人 | 不履行合同 | ≤中标合同价的10% | — |

考点十　串通投标（★★★）

【2021年多选题】【2022年多选题】

属于投标人相互串通投标	(1) 投标人之间协商投标报价等投标文件的实质性内容； (2) 投标人之间约定中标人； (3) 投标人之间约定部分投标人放弃投标或者中标； (4) 属于同一集团、协会、商会等组织成员的投标人按照该组织要求协同投标； (5) 投标人之间为谋取中标或者排斥特定投标人而采取的其他联合行动
视为投标人相互串通投标	(1) 不同投标人的投标文件由同一单位或者个人编制； (2) 不同投标人委托同一单位或者个人办理投标事宜； (3) 不同投标人的投标文件载明的项目管理成员为同一人； (4) 不同投标人的投标文件异常一致或者投标报价呈规律性差异； (5) 不同投标人的投标文件相互混装； (6) 不同投标人的投标保证金从同一单位或者个人的账户转出
招标人与投标人串通投标	(1) 招标人在开标前开启投标文件并将有关信息泄露给其他投标人； (2) 招标人直接或者间接向投标人泄露标底、评标委员会成员等信息； (3) 招标人明示或者暗示投标人压低或者抬高投标报价； (4) 招标人授意投标人撤换、修改投标文件； (5) 招标人明示或者暗示投标人为特定投标人中标提供方便； (6) 招标人与投标人为谋求特定投标人中标而采取的其他串通行为

> **上岸熊小贴士**
>
> 协商、约定、协同、联合是属于，不同投标人是视为。

考点十一　不正当竞争行为（★★）

禁止投标人以行贿手段谋取中标	禁止投标人以向招标人或者评标委员会成员行贿的手段谋取中标
不得以低于成本的报价竞标	投标人不得以低于成本的报价竞标
不得以他人名义或其他方式弄虚作假骗取中标	(1) 使用通过受让或者租借等方式获取的资格、资质证书投标的，属于以他人名义投标。 (2) 以其他方式弄虚作假的行为： ①使用伪造、变造的许可证件； ②提供虚假的财务状况或者业绩； ③提供虚假的项目负责人或者主要技术人员简历、劳动关系证明； ④提供虚假的信用状况； ⑤其他弄虚作假的行为

考点十二 确定中标人（★★★）

【2020年单选题】【2022年单选题】

中标条件	(1) 能够最大限度地满足招标文件中规定的各项综合评价标准； (2) 能够满足招标文件的实质性要求，并且经评审的投标价格最低，但是投标价格低于成本的除外
中标人确定	国有资金占有控股或主导地位的依法必须进行招标的项目，应确定排名第一的中标候选人为中标人，排名第一的中标候选人放弃中标、因不可抗力不能履行合同、不按照招标文件要求提交履约保证金，或者被查实存在影响中标结果的违法行为等情形，不符合中标条件的，可按照评标委员会提出的中标候选人名单排序依次确定其他中标候选人为中标人，也可以重新招标
重新审查	中标候选人的经营、财务状况发生较大变化或存在违法行为，招标人认为可能影响履行能力的，应当在发出中标通知书前由原评标委员会按照招标文件规定的标准和方法审查确认
履约保证金	招标文件要求提交的，中标人应当按照招标文件的要求提交，不得超过中标合同金额的10%

考点十三 招标投标投诉与处理（★★）

【2022年多选题】

对资格预审文件提出异议	最迟在提交资格预审文件截止时间2日前	招标人收到异议后3日内答复，答复前暂停招投标活动	依法应当先向招标人提出异议，招标人不答复，或投标人对招标人答复不服的，可以向招标办投诉
对招标文件提出异议	最迟在提交投标文件截止时间10日前	招标人收到异议后3日内答复，答复前暂停招投标活动	
对开标提出异议	开标现场当场提出	招标人当场回复并书面记录	
对评标结果提出异议	中标候选人公示期间提出	招标人收到异议后3日内答复，答复前暂停招投标活动	
其他事项	知道或应当知道该违法事实之日起10日内直接向招标办投诉	同一事项向两个以上有权受理的行政监督部门投诉，由最先收到投诉的行政监督部门，自收到投诉之日起3个工作日内决定是否受理，并自受理投诉之日起30个工作日作出书面处理决定	

> **上岸熊小贴士**
>
> 一件事情两步走，其他事情一步走。

熊熊总结

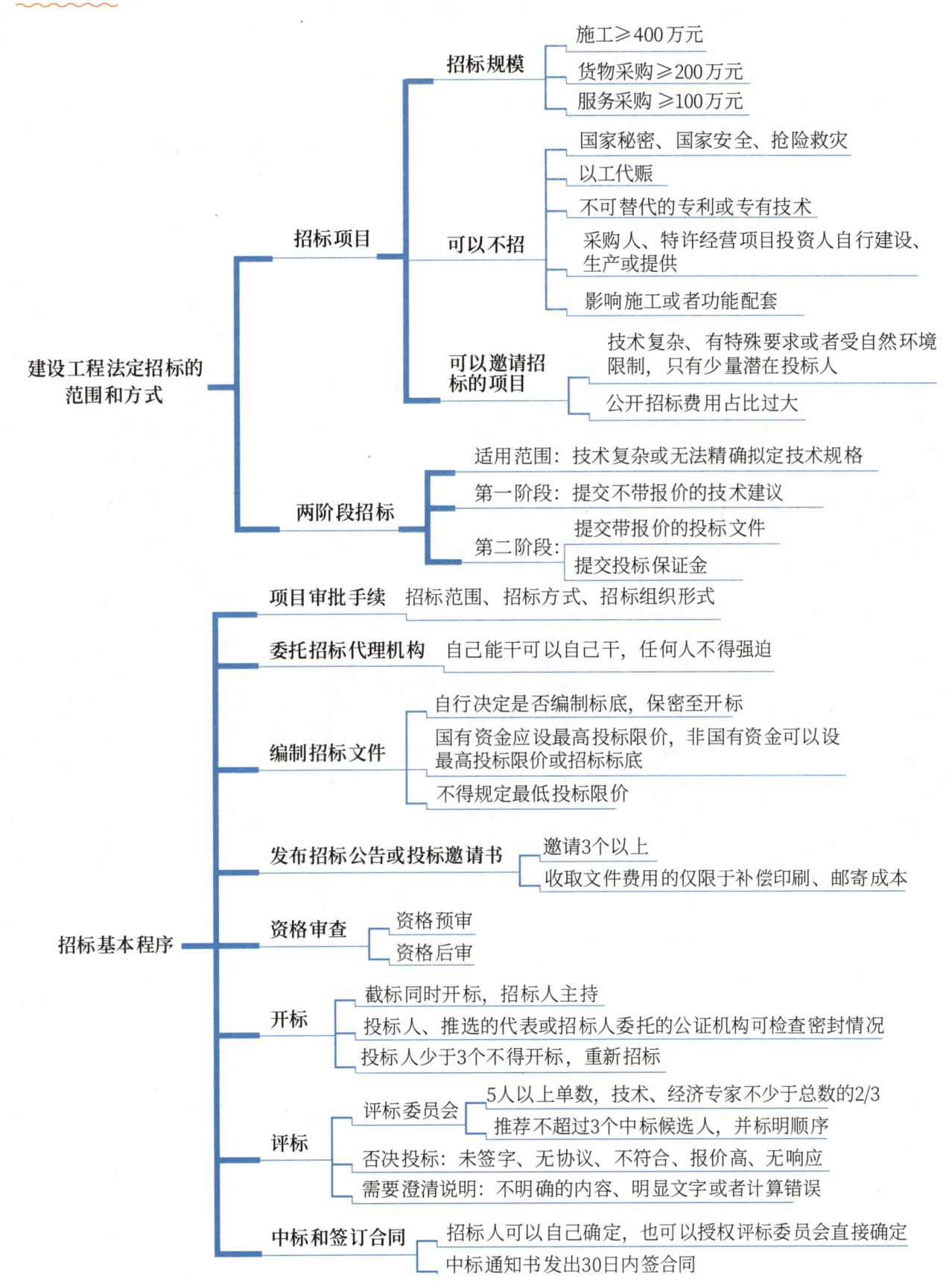

- **建设工程法定招标的范围和方式**
  - 招标项目
    - 招标规模
      - 施工 ≥ 400万元
      - 货物采购 ≥ 200万元
      - 服务采购 ≥ 100万元
    - 可以不招
      - 国家秘密、国家安全、抢险救灾
      - 以工代赈
      - 不可替代的专利或专有技术
      - 采购人、特许经营项目投资人自行建设、生产或提供
      - 影响施工或者功能配套
    - 可以邀请招标的项目
      - 技术复杂、有特殊要求或者受自然环境限制，只有少量潜在投标人
      - 公开招标费用占比过大
  - 两阶段招标
    - 适用范围：技术复杂或无法精确拟定技术规格
    - 第一阶段：提交不带报价的技术建议
    - 第二阶段：提交带报价的投标文件；提交投标保证金

- **招标基本程序**
  - 项目审批手续：招标范围、招标方式、招标组织形式
  - 委托招标代理机构：自己能干可以自己干，任何人不得强迫
  - 编制招标文件
    - 自行决定是否编制标底，保密至开标
    - 国有资金应设最高投标限价，非国有资金可以设最高投标限价或招标标底
    - 不得规定最低投标限价
  - 发布招标公告或投标邀请书
    - 邀请3个以上
    - 收取文件费用的仅限于补偿印刷、邮寄成本
  - 资格审查
    - 资格预审
    - 资格后审
  - 开标
    - 截标同时开标，招标人主持
    - 投标人、推选的代表或招标人委托的公证机构可检查密封情况
    - 投标人少于3个不得开标，重新招标
  - 评标
    - 评标委员会
      - 5人以上单数，技术、经济专家不少于总数的2/3
      - 推荐不超过3个中标候选人，并注明顺序
    - 否决投标：未签字、无协议、不符合、报价高、无响应
    - 需要澄清说明：不明确的内容、明显文字或者计算错误
  - 中标和签订合同
    - 招标人可以自己确定，也可以授权评标委员会直接确定
    - 中标通知书发出30日内签合同

投标文件与投标保证金

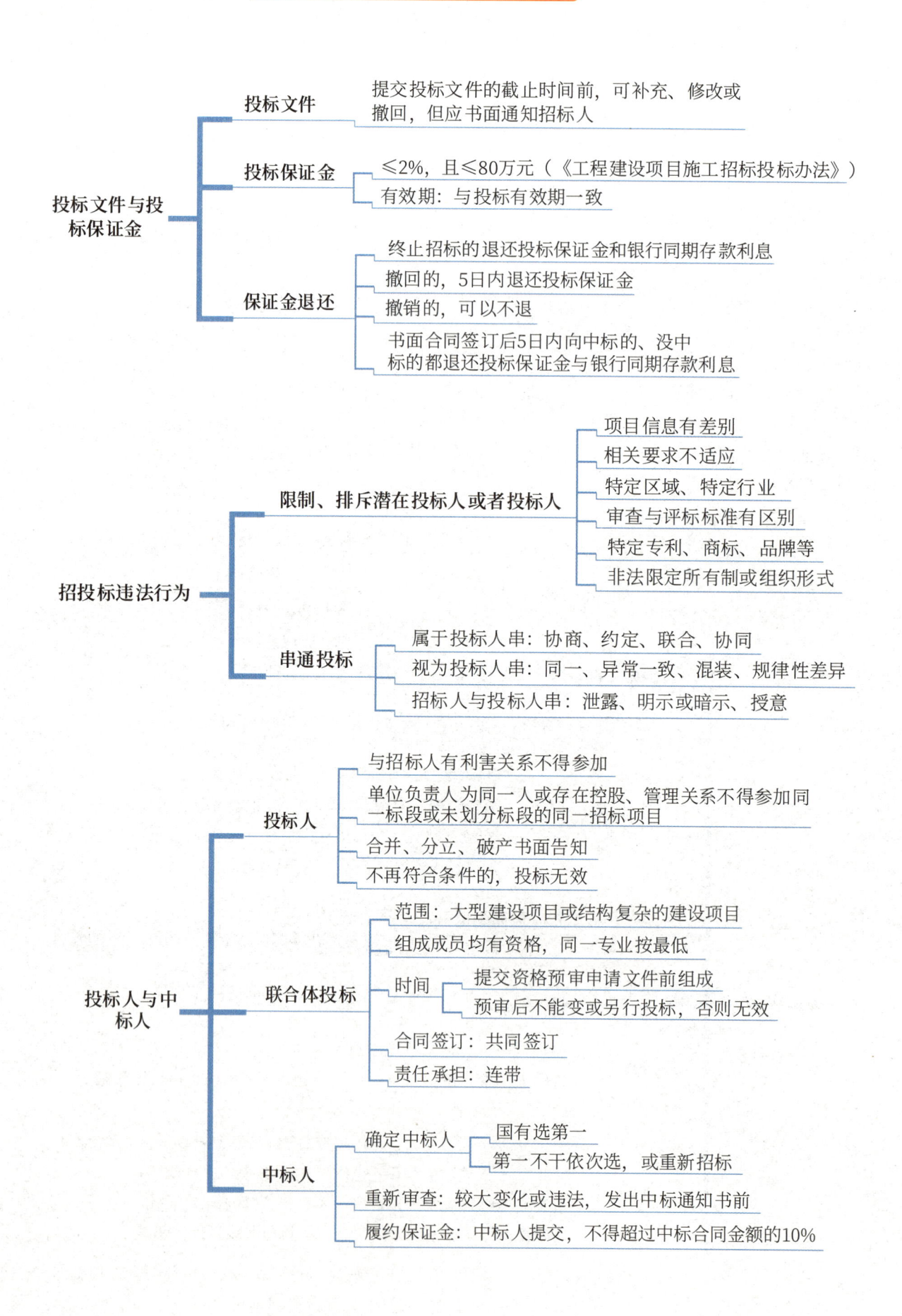

- **投标文件**：提交投标文件的截止时间前，可补充、修改或撤回，但应书面通知招标人
- **投标保证金**：
  - ≤2%，且≤80万元（《工程建设项目施工招标投标办法》）
  - 有效期：与投标有效期一致
- **保证金退还**：
  - 终止招标的退还投标保证金和银行同期存款利息
  - 撤回的，5日内退还投标保证金
  - 撤销的，可以不退
  - 书面合同签订后5日内向中标的、没中标的都退还投标保证金与银行同期存款利息

招投标违法行为

- **限制、排斥潜在投标人或者投标人**：
  - 项目信息有差别
  - 相关要求不适应
  - 特定区域、特定行业
  - 审查与评标标准有区别
  - 特定专利、商标、品牌等
  - 非法限定所有制或组织形式
- **串通投标**：
  - 属于投标人串：协商、约定、联合、协同
  - 视为投标人串：同一、异常一致、混装、规律性差异
  - 招标人与投标人串：泄露、明示或暗示、授意

投标人与中标人

- **投标人**：
  - 与招标人有利害关系不得参加
  - 单位负责人为同一人或存在控股、管理关系不得参加同一标段或未划分标段的同一招标项目
  - 合并、分立、破产书面告知
  - 不再符合条件的，投标无效
- **联合体投标**：
  - 范围：大型建设项目或结构复杂的建设项目
  - 组成成员均有资格，同一专业按最低
  - 时间：
    - 提交资格预审申请文件前组成
    - 预审后不能变或另行投标，否则无效
  - 合同签订：共同签订
  - 责任承担：连带
- **中标人**：
  - 确定中标人：
    - 国有选第一
    - 第一不干依次选，或重新招标
  - 重新审查：较大变化或违法，发出中标通知书前
  - 履约保证金：中标人提交，不得超过中标合同金额的10%

第二节 建设工程承包制度

考点一 工程总承包项目的发包和承包（★★★）

【2018年单选题】【2020年单选题】

工程总承包概念	对工程设计、施工、采购或者设计、施工等阶段实行总承包
资质规定	工程总承包企业应当同时具有与工程规模相适应的工程设计资质和施工资质，或者由具有相应资质的设计单位和施工单位组成的联合体
项目发包方式	(1) 直接发包； (2) 招标发包：工程总承包项目范围内设计、采购或者施工中，有任一项属于依法必须招标的项目范围且达到国家规定规模标准，应当采用招标方式选择工程总承包单位
资质	(1) 鼓励设计单位申请取得施工资质，已取得工程设计综合资质、行业甲级资质、建筑工程专业甲级资质的单位，可以直接申请相应类别施工总承包一级资质； (2) 鼓励施工单位申请取得工程设计资质，具有一级及以上施工总承包资质的单位可以直接申请相应类别的工程设计甲级资质。完成的相应规模工程总承包业绩可以作为设计、施工业绩申报
工程总承包单位类型	(1) 工程总承包单位不得是工程总承包项目的代建单位、项目管理单位、监理单位、造价咨询单位、招标代理单位。 (2) 政府投资项目的项目建议书、可行性研究报告、初步设计文件编制单位以及其评估单位，一般不得成为该项目的工程总承包单位。政府投资项目招标人公开已经完成的项目建议书、可行性研究报告、初步设计文件的，上述单位可以参与该工程总承包项目的投标，经依法评标、定标，成为工程总承包单位
合同类型	(1) 企业投资项目的工程总承包宜采用总价合同。除合同约定可以调整的情形外，合同总价一般不予调整。建设单位和工程总承包单位可以在合同中约定工程总承包计量规则和计价方法； (2) 政府投资项目的工程总承包应当合理确定合同价格形式

考点二 分包的规定（★★★★）

【2019年多选题】【2019年单选题】【2021年单选题】

专业工程分包（专业承包人）	劳务作业分包（专业作业承包人）
相同点：应分包给有资质的分包单位	
需要总承包合同约定或建设单位认可	不需要建设单位认可
除钢结构外，主体结构不得进行专业工程分包	主体结构中的劳务作业可以全部分包
专业分包单位不得再进行专业工程分包	专业分包单位可以将劳务作业全部再分包

> **上岸熊小贴士**
>
> 主要有两个考法：一个是分包工程不能再分包，这个分包工程既指专业工程分包，也包括劳务作业分包；另一个是主体结构不得进行专业分包，但是 钢结构工程除外。

考点三 违法发包、违法分包、转包行为认定（★★★）

【2018年单选题】【2020年单选题】【2022年单选题】

违法发包	（1）建设单位将工程发包给个人的； （2）建设单位将工程发包给不具有相应资质的单位的； （3）依法应当招标未招标或未按照法定招标程序发包的； （4）建设单位设置不合理的招投标条件，限制、排斥潜在投标人或者投标人的； （5）建设单位将一个单位工程的施工分解成若干部分发包给不同的施工总承包或专业承包单位的
违法分包	（1）承包单位将其承包的工程分包给个人的； （2）施工总承包单位或专业承包单位将工程分包给不具备相应资质单位的； （3）施工总承包单位将施工总承包合同范围内工程主体结构的施工分包给其他单位的，钢结构工程除外； （4）专业分包单位将其承包的专业工程中非劳务作业部分再分包的； （5）专业作业承包人将其承包的劳务再分包的； （6）专业作业承包人除计取劳务作业费用外，还计取主要建筑材料款和大中型施工机械设备、主要周转材料费用的
转包	存在下列情形之一的，应当认定为转包，但有证据证明属于挂靠或者其他违法行为的除外： 施工单位将其承包的全部工程转给其他单位（包括母公司承接建筑工程后将所承接工程交由具有独立法人资格的子公司施工的情形）或个人施工的……

熊熊总结

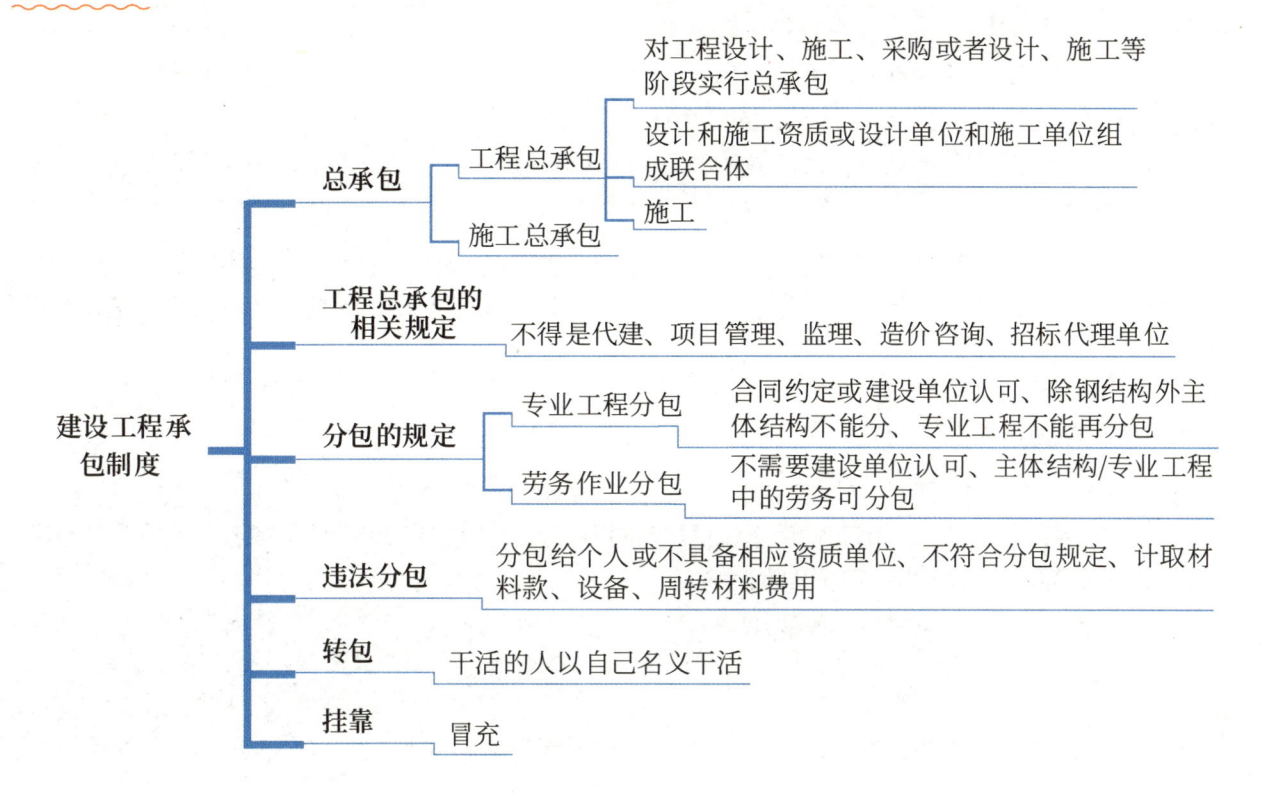

建设工程承包制度
- 总承包
  - 工程总承包
    - 对工程设计、施工、采购或者设计、施工等阶段实行总承包
    - 设计和施工资质或设计单位和施工单位组成联合体
  - 施工总承包
    - 施工
- 工程总承包的相关规定
  - 不得是代建、项目管理、监理、造价咨询、招标代理单位
- 分包的规定
  - 专业工程分包：合同约定或建设单位认可、除钢结构外主体结构不能分、专业工程不能再分包
  - 劳务作业分包：不需要建设单位认可、主体结构/专业工程中的劳务可分包
- 违法分包：分包给个人或不具备相应资质单位、不符合分包规定、计取材料款、设备、周转材料费用
- 转包：干活的人以自己名义干活
- 挂靠：冒充

第三节　建筑市场信用体系建设

考点一　信用信息分类（★★）

【2018年单选题】【2021年单选题】

基本信息	优良信用信息	不良信用信息
注册登记信息、资质信息、工程项目信息、注册执业人员信息	县级以上行政机关或群团组织的表彰奖励	县级以上住建部门的行政处罚
长期公开	3年	6个月至3年 且不低于相关处罚期限

考点二　施工单位不良行为的认定（★★★★）

【2018年单选题】【2019年单选题】【2020年单选题】【2021年单选题】【2022年单选题】

资质不良行为	(1) 未取得资质证书承揽工程的，或超越本单位资质等级承揽工程的； (2) 以欺骗手段取得资质证书承揽工程的；

续表

资质不良行为	（3）允许其他单位或个人以本单位名义承揽工程的； （4）未在规定期限内办理资质变更手续的； （5）涂改、伪造、出借、转让《建筑业企业资质证书》的； （6）按照国家规定需要持证上岗的技术工种的作业人员未经培训、考核，未取得证书上岗，情节严重的
承揽业务不良行为	（1）利用向发包单位及其工作人员行贿、提供回扣或者给予其他好处等不正当手段承揽业务的； （2）相互串通投标或与招标人串通投标，以向招标人或评标委员会成员行贿的手段谋取中标的； （3）以他人名义投标或以其他方式弄虚作假，骗取中标的； （4）不按照与招标人订立的合同履行义务，情节严重的； （5）将承包的工程转包或违法分包的
质量不良行为	（1）在施工中偷工减料的，使用不合格建筑材料、建筑构配件和设备的，或者有不按照工程设计图纸或施工技术标准施工的其他行为的； （2）未按照节能设计进行施工的； （3）未对建筑材料、建筑构配件、设备和商品混凝土进行检测，或未对涉及结构安全的试块、试件以及有关材料取样检测的； （4）工程竣工验收后，不向建设单位出具质量保修书的，或质量保修的内容、期限违反规定的； （5）不履行保修义务或者拖延履行保修义务的
安全不良行为	（1）**主要负责人、项目负责人、专职安全生产管理人员、作业人员或特种作业人员，未经安全教育培训或经考核不合格**即从事相关工作的； （2）在尚未竣工的建筑物内设置员工集体宿舍的； （3）委托不具有相应资质的单位承担施工现场安装、拆卸施工起重机械和整体提升脚手架、模板等自升式架设设施的； （4）在施工组织设计中未编制安全技术措施、施工现场临时用电方案或专项施工方案的……

🌟 上岸熊小贴士

允许其他单位或个人以本单位名义承揽工程的是资质不良；以他人名义投标或以其他方式弄虚作假，骗取中标的是承揽业务不良。

考点三 不良行为的公布（★★）

【2019年单选题】

招投标违法记录公布期限	（1）公布期限为6个月； （2）依法限制招标投标当事人资质（资格）等方面的行政处理决定，所认定的限制期限长于6个月的，公告期限从其决定

续表

不良行为整改	(1) 确有实效，缩短其不良行为期限，但最短不得少于3个月； (2) 拒不整改或整改不力，延长其不良行为记录信息公布期限
不良信息公告范围	属于《全国建筑市场各方主体不良行为记录认定标准》范围的不良行为记录除在当地发布外，还将由建设部统一在全国公布，公布期限与地方确定的公布期限相同
公告变更	(1) 被变更或被撤销的信息，及时变更或删除不良记录，并在相应平台上予以公布； (2) 公告部门在作出答复前不停止对违法行为记录的公告； (3) 行政处理决定在被行政复议或行政诉讼期间，公告部门依法不停止对违法行为记录的公告，但行政处理决定被依法停止执行的除外

考点四 建筑市场主体"黑名单"（★★）

【2022年单选题】

《建筑市场信用管理暂行办法》规定，县级以上住房城乡建设主管部门按照"谁处罚、谁列入"的原则，将存在下列情形的建筑市场各方主体，列入建筑市场主体"黑名单"：

(1) 利用虚假材料、以欺骗手段取得企业资质的；
(2) 发生转包、出借资质，受到行政处罚的；
(3) 发生重大及以上工程质量安全事故，或1年内累计发生2次及以上较大工程质量安全事故，或发生性质恶劣、危害性严重、社会影响大的较大工程质量安全事故，受到行政处罚的；
(4) 经法院判决或仲裁机构裁决，认定为拖欠工程款，且拒不履行生效法律文书确定的义务的。

熊熊总结

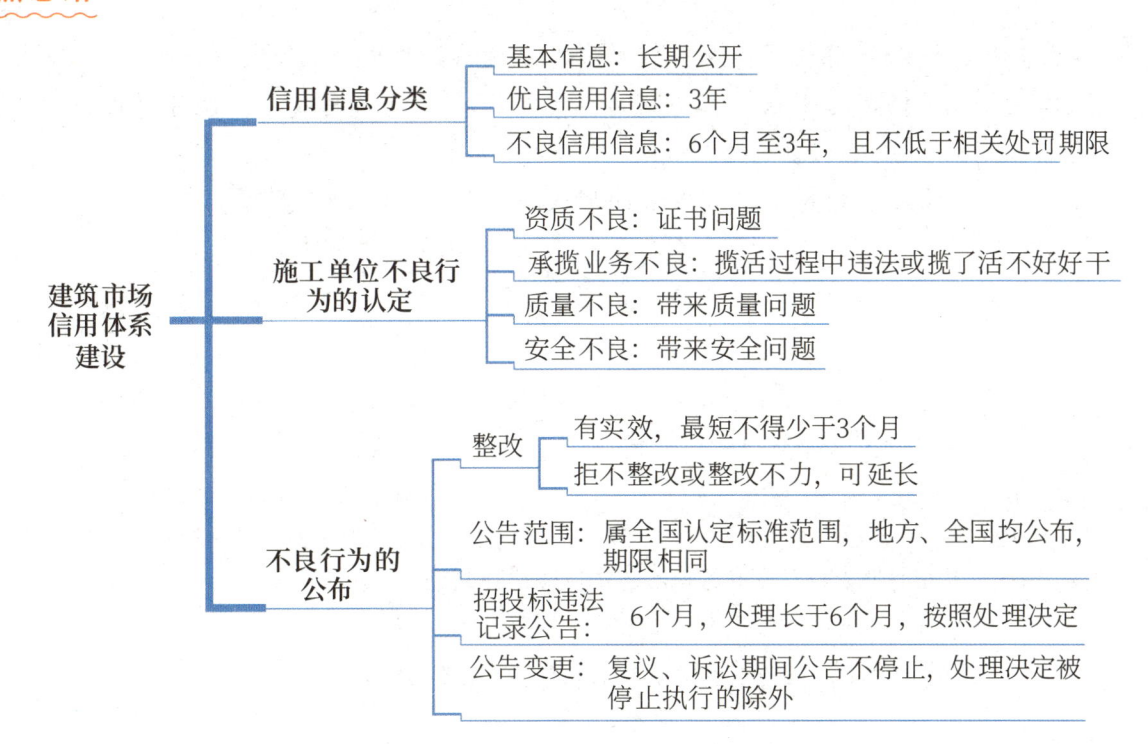

建筑市场信用体系建设
- 信用信息分类
  - 基本信息：长期公开
  - 优良信用信息：3年
  - 不良信用信息：6个月至3年，且不低于相关处罚期限
- 施工单位不良行为的认定
  - 资质不良：证书问题
  - 承揽业务不良：揽活过程中违法或揽了活不好好干
  - 质量不良：带来质量问题
  - 安全不良：带来安全问题
- 不良行为的公布
  - 整改：有实效，最短不得少于3个月；拒不整改或整改不力，可延长
  - 公告范围：属全国认定标准范围，地方、全国均公布，期限相同
  - 招投标违法记录公告：6个月，处理长于6个月，按照处理决定
  - 公告变更：复议、诉讼期间公告不停止，处理决定被停止执行的除外

第四章　建设工程合同和劳动合同法律制度

第一节　建设工程合同制度

考点一　合同的分类（★★）

【2021年单选题】【2022年单选题】

```
有名合同 ┐  是否明文规定了              合同的形式是 ┬ 要式合同
无名合同 ┘  一定合同的名称              否有特定要求 └ 不要式合同

双务合同 ┐  是否互相负      合同的分类   权利义务是否 ┬ 有偿合同
单务合同 ┘  有给付义务                  存在对价关系 └ 无偿合同

诺成合同 ┐  是否需要交                  合同相互间   ┬ 主合同
实践合同 ┘  付标的物                    的主从关系   └ 从合同
```

> **上岸熊小贴士**
>
> 当事人订立合同，可以采用书面形式、口头形式或者其他形式。
> 其他形式合同，可以根据当事人的行为或者特定情形推定合同的成立，也可以称为默示合同。
> 当事人约定采用书面形式的，应当采用书面形式。
> 建设工程合同包括工程勘察、设计、施工合同，应当采用书面形式。

考点二　合同的成立（★★★）

【2019年单选题】【2021年单选题】【2022年单选题】

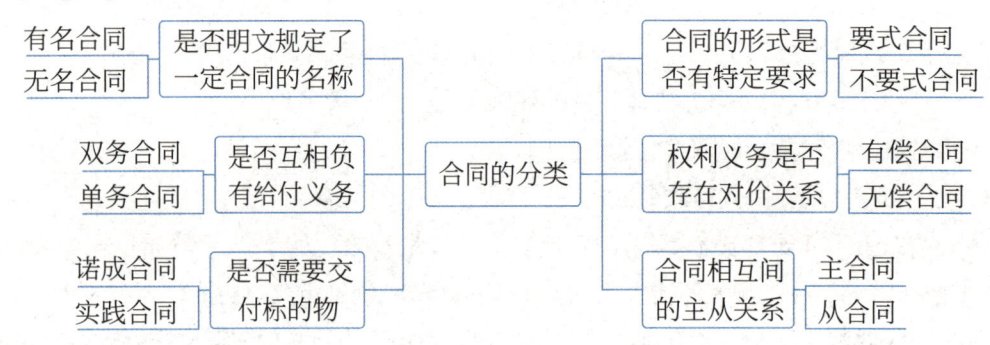

（一）要约

概念	要约是希望与他人订立合同的意思表示，如投标文件。
构成要件	（1）内容具体确定； （2）表明经受要约人承诺，要约人即受该意思表示约束

续表

要约生效	以对话方式作出的意思表示，相对人知道其内容时生效。以非对话方式作出的意思表示，到达相对人时生效
撤回要约	撤回意思表示的通知应当在意思表示到达相对人前或者与意思表示同时到达相对人
撤销要约	要约可以撤销，但撤销要约的通知应当在受要约人发出承诺通知之前到达受要约人
不得撤销	(1) 要约人以确定承诺期限或其他形式明示要约不可撤销； (2) 受要约人有理由认为要约是不可撤销的，并已经为履行合同做了合理准备工作

（二）承诺

概念	受要约人同意要约的意思表示，如中标通知书
承诺方式	承诺应当以通知的方式作出，但根据交易习惯或者要约表明可以通过行为作出承诺的除外
承诺生效	(1) 承诺生效时合同成立； (2) 以通知方式作出的承诺，生效时间同要约生效的规定； (3) 承诺不需要通知的，根据交易习惯或者要约的要求作出承诺的行为时生效
承诺内容	承诺的内容应当与要约的内容一致

> **上岸熊小贴士**
>
> 要约邀请：希望他人向自己发出要约的意思表示。
> 新要约：对要约内容做实质性变更的，如合同标的、数量、质量、价款或报酬、履行期限、地点、方式、违约责任等的变更。
> 要约、承诺到达生效。要约可撤回：到达之前或同时。要约可撤销：承诺发出之前。

考点三 建设工程工期（★★★）

【2018年多选题】【2021年多选题】

实际开工日期	监理人应在计划开工日期7天前向承包人发出开工通知，工期自开工通知载明的开工日期起算
	当事人对建设工程开工日期有争议： (1) 开工日期为发包人或者监理人发出的开工通知载明的开工日期。开工通知发出后，尚不具备开工条件的，以开工条件具备的时间为开工日期。因承包人原因导致开工时间推迟的，以开工通知载明的时间为开工日期； (2) 承包人经发包人同意已经实际进场施工的，以实际进场施工时间为开工日期； (3) 发包人或者监理人未发出开工通知，亦无相关证据证明实际开工日期的，应当综合考虑开工报告、合同、施工许可证、竣工验收报告或者竣工验收备案表等载明的时间，并结合是否具备开工条件的事实，认定开工日期

续表

实际竣工日期	（1）建设工程经竣工验收合格的，以竣工验收合格之日为竣工日期； （2）承包人已经提交竣工验收报告，发包人拖延验收的，以承包人提交验收报告之日为竣工日期； （3）建设工程未经竣工验收，发包人擅自使用的，以转移占有建设工程之日为竣工日期

考点四 工程价款的支付（★★★）

【2020年单选题】

（一）对工程量有争议的工程款结算

当事人就同一建设工程订立的数份建设工程施工合同均无效，但建设工程质量合格，一方当事人请求参照实际履行的合同结算建设工程价款的，人民法院应予支持。实际履行的合同难以确定，当事人请求参照最后签订的合同结算工程价款的，人民法院应予支持。

（二）欠付工程款的利息支付

逾期利息的利率计算	有约定	按照约定
	无约定	按照同期同类贷款利率或者同期贷款市场报价利率计算
利息起算	从应付工程价款之日计付	当事人对付款时间没有约定或约定不明确的，下列时间视为应付款时间： （1）建设工程已实际交付的，为交付之日； （2）建设工程没有交付的，为提交竣工结算文件之日； （3）建设工程未交付，工程价款也未结算的，为当事人起诉之日

> **上岸熊小贴士**
>
> 欠款利息从应付工程价款之日计付，付款时间约定不明的，按实际交付之日→提交竣工结算文件之日→起诉之日的顺序确定。

（三）工程垫资的处理

垫资规定	政府投资项目所需资金应当按照国家有关规定确保落实到位，不得由施工单位垫资		
垫资	有约定	按约定	
	无约定	按工程欠款处理	
垫资利息	有约定	按约定，但是约定的利息计算标准高于垫资时的同类贷款利率或者同期贷款市场报价利率的部分除外	
	无约定	不予支持	

考点五　赔偿损失（★★）

【2019年多选题】

赔偿损失的特征	（1）赔偿损失是合同违约方违反合同义务所产生的责任形式； （2）赔偿损失具有补偿性； （3）赔偿损失具有一定的任意性； （4）赔偿损失以赔偿非违约方实际遭受的全部损害为原则
赔偿损失的范围	（1）赔偿损失范围包括直接损失和间接损失； （2）直接损失是指财产上的直接减少； （3）间接损失是指失去的可以预期取得的利益（指利润而不是营业额）
赔偿损失的限制	（1）赔偿损失的可预见性原则。 （2）采取措施防止损失的扩大：当事人一方违约后，对方应当采取适当措施防止损失的扩大。没有采取适当措施致使损失扩大的，不得就扩大的损失要求赔偿。当事人因防止损失扩大而支出的合理费用，由违约方承担

考点六　合同的效力（★★★★★）

（一）无效合同【2020年单选题】【2021年单选题】【2022年多选题】

有效的民事法律行为	（1）行为人具有相应的民事行为能力； （2）意思表示真实； （3）不违反法律、行政法规的强制性规定，不违背公序良俗。 有效的民事法律行为需要同时具备上述三个条件，否则为无效的民事法律行为
无效的民事法律行为	（1）无民事行为能力人实施的民事法律行为无效。 （2）行为人与相对人以虚假的意思表示实施的民事法律行为无效。 （3）违反法律、行政法规的强制性规定的民事法律行为无效，但是该强制性规定不导致该民事法律行为无效的除外。违背公序良俗的民事法律行为无效
无效合同的特征	（1）具有违法行为； （2）具有不可履行性； （3）自订立之时就不具有法律效力
无效的免责条款	（1）造成对方人身伤害的； （2）因故意或者重大过失造成对方财产损失的
施工合同无效的情形	（1）承包人未取得建筑施工企业资质或者超越资质等级的； （2）没有资质的实际施工人借用有资质的建筑施工企业名义的； （3）建设工程必须进行招标而未招标或者中标无效的； （4）承包人转包、违法分包建设工程的

续表

无效合同的法律后果	（1）无效的合同或者被撤销的民事法律行为自始没有法律约束力； （2）民事法律行为部分无效，不影响其他部分效力的，其他部分仍然有效； （3）合同不生效、无效、被撤销或者终止，不影响合同中有关解决争议方法的条款的效力； （4）民事法律行为无效、被撤销或者确定不发生效力后，因该合同取得的财产，应当予以返还。不能返还或者没有必要返还的，应当折价补偿。有过错的一方应当赔偿对方因此所受到的损失
无效施工合同的工程款结算	（1）建设工程施工合同无效，但是建设工程经验收合格的，可以参照合同关于工程价款的约定折价补偿承包人。 （2）建设工程施工合同无效，且建设工程经验收不合格的，按照以下情形处理： ①修复后的建设工程经验收合格的，发包人可以请求承包人承担修复费用； ②修复后的建设工程经验收不合格的，承包人无权请求参照合同关于工程价款的约定折价补偿。 发包人对因建设工程不合格造成的损失有过错的，应当承担相应的责任

> **上岸熊小贴士**
>
> 无效合同违法，自始无效，合同无效不影响解决争议条款的效力。

（二）效力待定合同

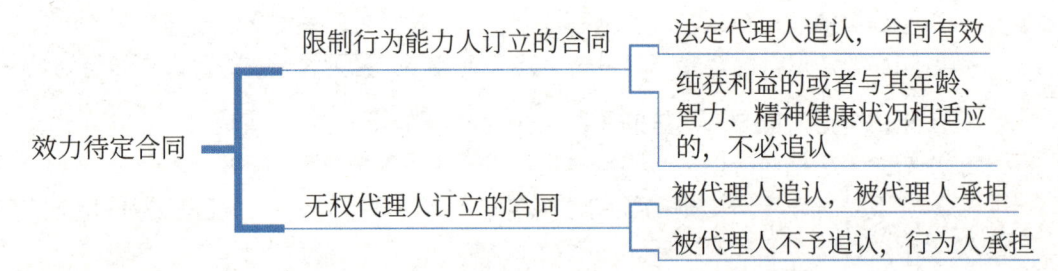

```
                    ┌─ 限制行为能力人订立的合同 ─┬─ 法定代理人追认，合同有效
                    │                          └─ 纯获利益的或者与其年龄、
效力待定合同 ───────┤                             智力、精神健康状况相适应
                    │                             的，不必追认
                    └─ 无权代理人订立的合同 ───┬─ 被代理人追认，被代理人承担
                                              └─ 被代理人不予追认，行为人承担
```

相对人可以催告法定代理人（被代理人）自收到通知之日起30日内予以追认。法定代理人（被代理人）未作表示的，视为拒绝追认。民事法律行为被追认之前，善意相对人有撤销的权利。撤销应当以通知的方式作出。

（三）可撤销合同

可撤销合同的类型	（1）因重大误解订立的合同； （2）在订立合同时显失公平的合同； （3）以欺诈手段订立的合同； （4）以胁迫的手段订立的合同。 行为人/受损害方/受欺诈方/受胁迫方有权请求人民法院或者仲裁机构予以撤销

续表

撤销权的行使	撤销权消灭情形： （1）当事人自知道或者应当知道撤销事由之日起1年内、重大误解的当事人自知道或者应当知道撤销事由之日起90日内没有行使撤销权； （2）当事人受胁迫，自胁迫行为终止之日起1年内没有行使撤销权； （3）当事人知道撤销事由后明确表示或者以自己的行为表明放弃撤销权； （4）当事人自民事法律行为发生之日起5年内没有行使撤销权的，撤销权消灭

> **上岸熊小贴士**
>
> 撤销权消灭就是两种情况：一是自动消失，二是自己放弃。

考点七 合同的履行、变更、转让、终止（★★★）

【2018年单选题】【2019年单选题】

合同的履行	合同生效后，当事人不得因姓名、名称的变更或者法定代表人、负责人、承办人的变动而不履行合同义务
合同的变更	（1）合同变更须经当事人双方协商一致。 （2）当事人对合同变更的内容约定不明确的，推定为未变更。 （3）合同成立后，合同的基础条件发生了当事人在订立合同时无法预见的、不属于商业风险的重大变化，继续履行合同对于当事人一方明显不公平的，受不利影响的当事人可以与对方重新协商；在合理期限内协商不成的，当事人可以请求人民法院或者仲裁机构变更或者解除合同
合同权利的转让	（1）下列债权不得转让：根据债权性质不得转让；按照当事人约定不得转让；依照法律规定不得转让。 （2）债权人转让债权，未通知债务人的，该转让对债务人不发生效力。债权转让的通知不得撤销，但是经受让人同意的除外。当债务人接到权利转让的通知后，权利转让即行生效。 （3）债务人接到债权转让通知后，债务人对让与人（原债权人）的抗辩，可以向受让人（新债权人）主张。 （4）从权利随同主权利转让
合同义务的转让	债务人将债务的全部或部分转移给第三人的，应当经债权人同意。未经同意，债务人转移债务的行为对债权人不发生效力
合同的终止	（1）债务已经履行； （2）债务相互抵销； （3）债务人依法将标的物提存； （4）债权人免除债务； （5）债权债务同归于一人； （6）法律规定或者当事人约定终止的其他情形

> **上岸熊小贴士**
>
> （1）合同变更的内容约定不明确的，推定为未变更。
> （2）合同的权利转让：通知债务人，无须同意；合同的义务转让：需对方同意。

考点八 合同的解除（★★★★）

【2018年多选题】【2020年单选题】【2020年多选题】【2021年单选题】

合同解除的特征	（1）合同解除适用于合法有效的合同，而无效合同、可撤销合同不发生合同解除； （2）合同解除须具备法律规定解除的条件，非依照法律规定，当事人不得随意解除合同； （3）合同解除须有解除的行为； （4）合同解除使合同关系自始消灭或者向将来消灭
合同解除的种类	（1）约定解除。当事人协商一致，可以解除合同。 （2）法定解除。有下列情形之一的，可以解除合同： ①因不可抗力致使不能实现合同目的； ②在履行期限届满之前，当事人一方明确表示或者以自己的行为表明不履行主要债务； ③当事人一方迟延履行主要债务，经催告后在合理期限内仍未履行； ④当事人一方迟延履行债务或者有其他违约行为致使不能实现合同目的； ⑤法律规定的其他情形。 以持续履行的债务为内容的不定期合同，当事人可以随时解除合同，但是应当在合理期限之前通知对方
施工解除合同的情形	（1）承包人将建设工程转包、违法分包的，发包人可以解除合同； （2）发包人提供的主要建筑材料、建筑构配件和设备不符合强制性标准或者不履行协助义务，致使承包人无法施工，经催告后在合理期限内仍未履行相应义务的，承包人可以解除合同

考点九 违约责任的种类和免除（★★）

违约责任的种类	（1）继续履行、采取补救措施、停止违约行为、赔偿损失、支付违约金或定金等； （2）继续履行可以与违约金、定金、赔偿损失并用，但不能与解除合同的方式并用； （3）定金不足以弥补一方违约造成的损失的，对方可以请求赔偿超过定金数额的损失
违约责任的免除	（1）《中华人民共和国民法典》仅承认不可抗力为法定的免责事由； （2）当事人一方因不可抗力不能履行合同的，根据不可抗力的影响，部分或者全部免除责任，但是法律另有规定的除外； （3）因不可抗力不能履行合同的，应当及时通知对方，以减轻可能给对方造成的损失，并应当在合理期限内提供证明； （4）当事人迟延履行后发生不可抗力的，不免除其违约责任

熊熊总结

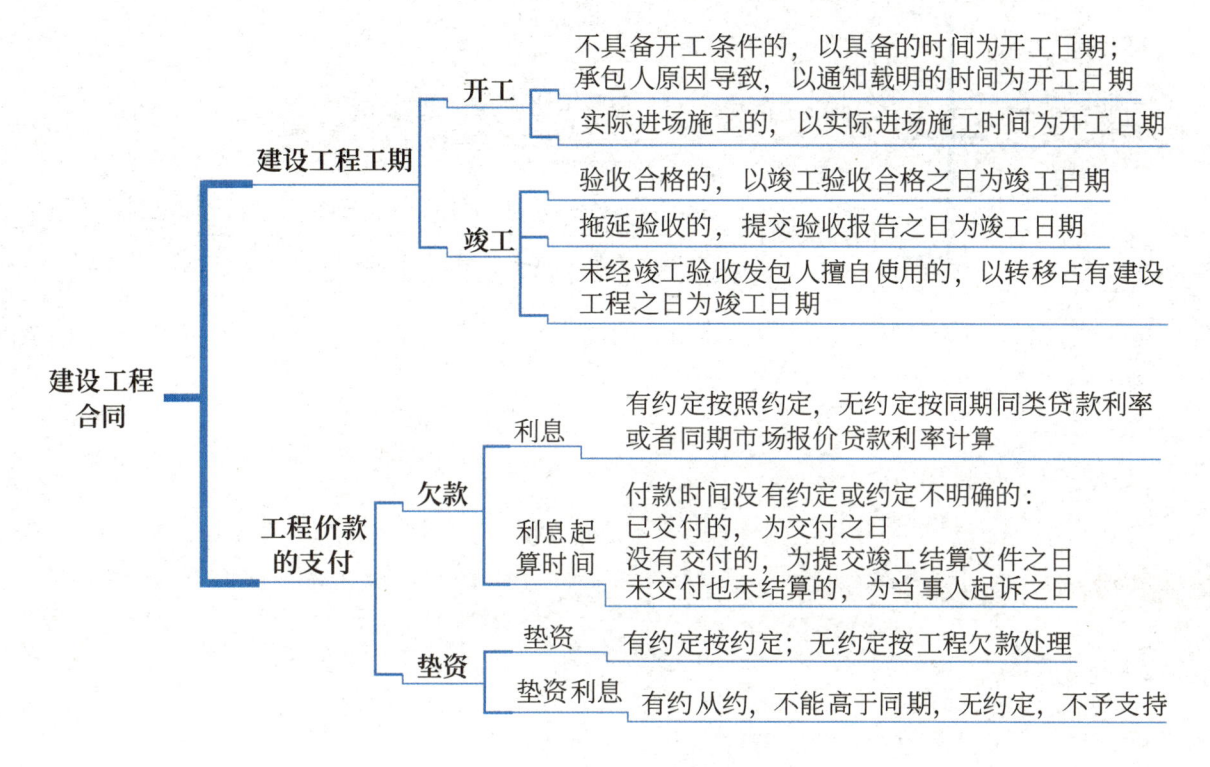

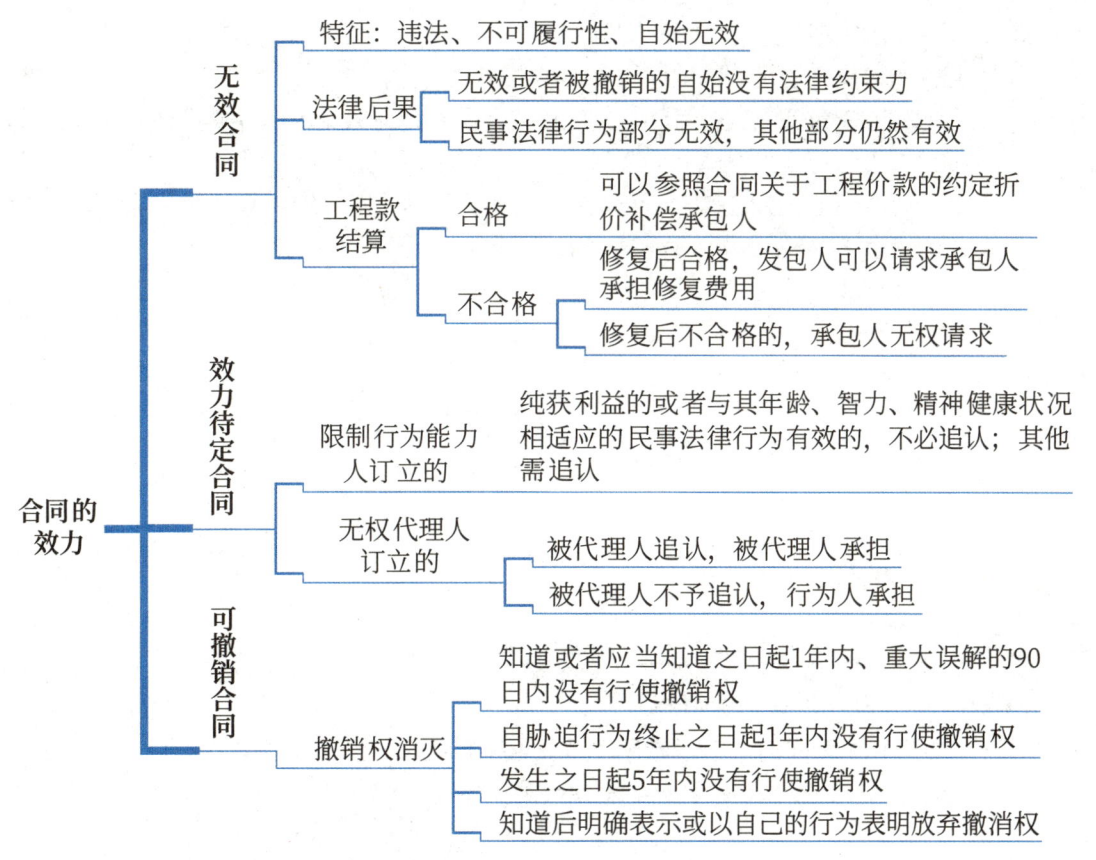

- **建设工程合同**
  - 建设工程工期
    - 开工
      - 不具备开工条件的，以具备的时间为开工日期；承包人原因导致，以通知载明的时间为开工日期
      - 实际进场施工的，以实际进场施工时间为开工日期
    - 竣工
      - 验收合格的，以竣工验收合格之日为竣工日期
      - 拖延验收的，提交验收报告之日为竣工日期
      - 未经竣工验收发包人擅自使用的，以转移占有建设工程之日为竣工日期
  - 工程价款的支付
    - 欠款
      - 利息：有约定按照约定，无约定按同期同类贷款利率或者同期市场报价贷款利率计算
      - 利息起算时间：付款时间没有约定或约定不明确的：
        已交付的，为交付之日
        没有交付的，为提交竣工结算文件之日
        未交付也未结算的，为当事人起诉之日
    - 垫资
      - 垫资：有约定按约定；无约定按工程欠款处理
      - 垫资利息：有约从约，不能高于同期，无约定，不予支持

- **合同的效力**
  - 无效合同
    - 特征：违法、不可履行性、自始无效
    - 法律后果
      - 无效或者被撤销的自始没有法律约束力
      - 民事法律行为部分无效，其他部分仍然有效
    - 工程款结算
      - 合格：可以参照合同关于工程价款的约定折价补偿承包人
      - 不合格
        - 修复后合格，发包人可以请求承包人承担修复费用
        - 修复后不合格的，承包人无权请求
  - 效力待定合同
    - 限制行为能力人订立的：纯获利益的或者与其年龄、智力、精神健康状况相适应的民事法律行为有效的，不必追认；其他需追认
    - 无权代理人订立的
      - 被代理人追认，被代理人承担
      - 被代理人不予追认，行为人承担
  - 可撤销合同
    - 撤销权消灭
      - 知道或者应当知道之日起1年内、重大误解的90日内没有行使撤销权
      - 自胁迫行为终止之日起1年内没有行使撤销权
      - 发生之日起5年内没有行使撤销权
      - 知道后明确表示或以自己的行为表明放弃撤消权

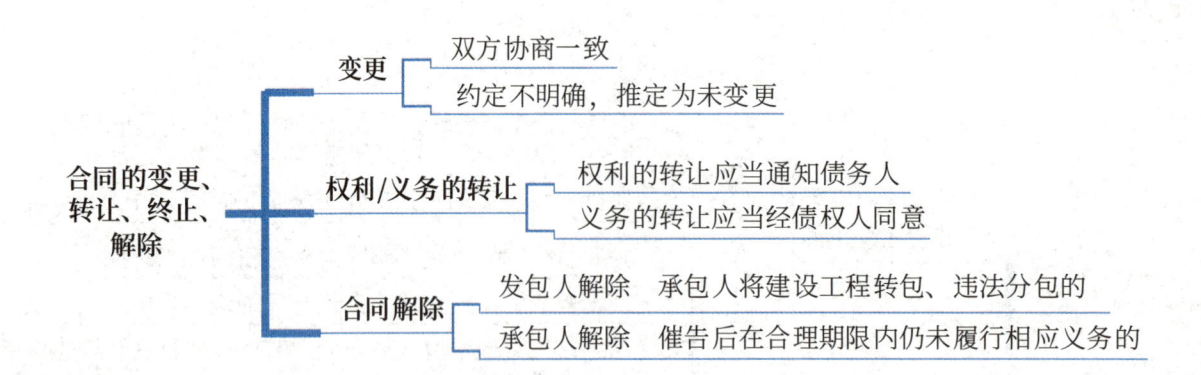

```
                    ┌─ 变更 ──────┬─ 双方协商一致
                    │            └─ 约定不明确，推定为未变更
合同的变更、        │
转让、终止、────────┼─ 权利/义务的转让 ─┬─ 权利的转让应当通知债务人
解除                │                   └─ 义务的转让应当经债权人同意
                    │
                    └─ 合同解除 ─┬─ 发包人解除   承包人将建设工程转包、违法分包的
                                 └─ 承包人解除   催告后在合理期限内仍未履行相应义务的
```

第二节　劳动合同及劳动者权益保护制度

考点一　劳动合同的种类（★★）

【2022年单选题】

固定期限	固定期限劳动合同由双方约定固定的期限
无固定期限	订立无固定期限劳动合同的情形： （1）劳动者在该用人单位连续工作满10年的； （2）用人单位初次实行劳动合同制度或者国有企业改制重新订立劳动合同时，劳动者在该用人单位连续工作满10年且距法定退休年龄不足10年的； （3）连续订立2次固定期限劳动合同，且劳动者没有《中华人民共和国劳动合同法》第39条和第40条第1项、第2项规定的情形，续订劳动合同的； （4）用人单位自用工之日起满1年不与劳动者订立书面劳动合同的，视为用人单位与劳动者已订立无固定期限劳动合同
以完成一定工作任务为期限	以完成一定工作任务为期限的劳动合同，是指用人单位与劳动者约定以某项工作的完成为合同期限的劳动合同

考点二　劳动合同的订立（★★★）

（1）用人单位自用工之日起即与劳动者建立劳动关系；
（2）建立劳动关系，应当订立书面劳动合同；
（3）未同时订立书面劳动合同的，应当自用工之日起1个月内订立书面劳动合同。不订立书面劳动合同，从第2个月起双倍工资，1年后自动转为无固定期限合同。

> **上岸熊小贴士**

未订立劳动合同：

```
                双倍工资    视为无固定期限合同
              ┌─────────┐ ┌─────────┐
    ─────────┼─────────┼─┼─────────┼────────▶
         用工日    1个月    1年
```

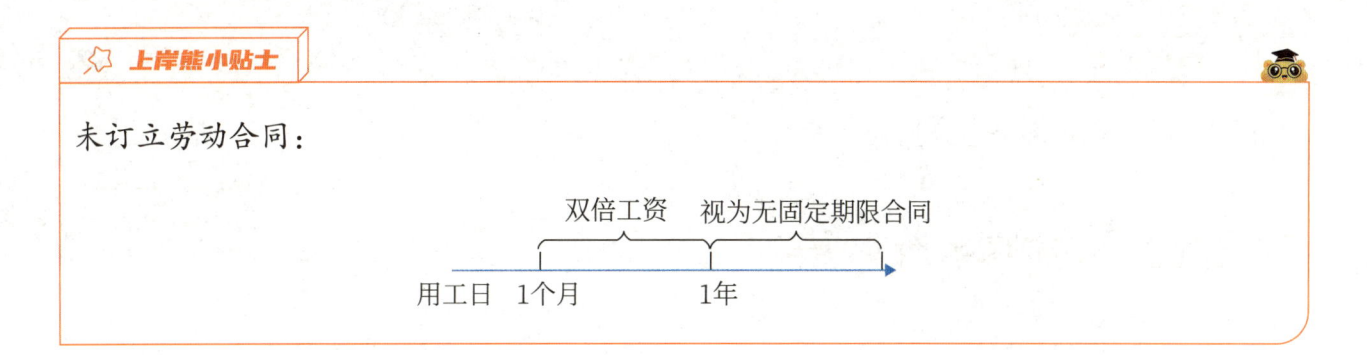

考点三 试用期（★★★）

【2020年单选题】

期限	同一用人单位与同一劳动者只能约定一次试用期，试用期包含在劳动合同期限内。劳动合同仅约定试用期的，试用期不成立，该期限为劳动合同期限。 (1) 劳动合同期限3个月以上不满1年的，试用期不得超过1个月； (2) 劳动合同期限1年以上不满3年的，试用期不得超过2个月； (3) 3年以上固定期限和无固定期限的劳动合同，试用期不得超过6个月
不得约定试用期	(1) 以完成一定工作任务为期限的劳动合同； (2) 劳动合同期限不满3个月的
试用期工资	劳动者试用期工资不得低于本单位同岗位最低档工资的80%或者劳动合同约定工资的80%，并不得低于用人单位所在地的最低工资标准

> **上岸熊小贴士**

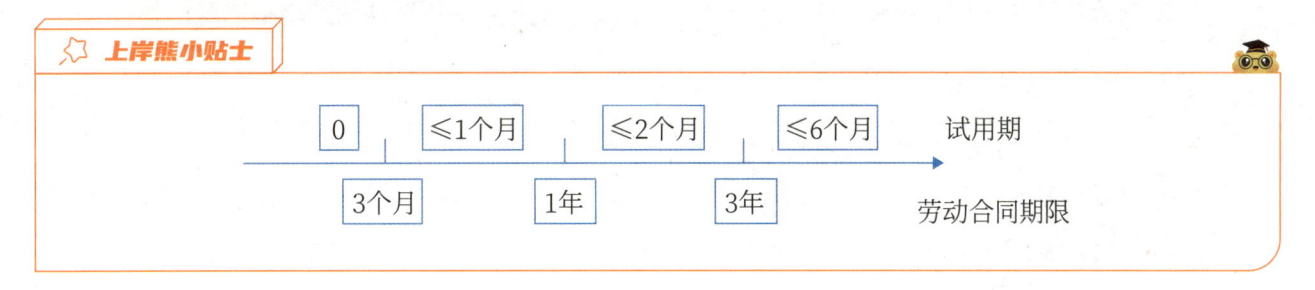

```
    ┌─0─┐ ┌─≤1个月─┐ ┌─≤2个月─┐ ┌─≤6个月─┐  试用期
    ────┴────────┴─┴───────┴─┴───────┴─▶
       ┌─3个月─┐   ┌──1年──┐   ┌──3年──┐     劳动合同期限
```

考点四 劳动合同的效力（★★）

生效	双方协商一致，在劳动合同文本上签字或盖章生效，双方当事人签字或者盖章时间不一致，以最后一方签字或者盖章时间为准
全部无效或部分无效	(1) 以欺诈、胁迫的手段或者乘人之危，使对方在违背真实意思的情况下订立或变更劳动合同的； (2) 用人单位免除自己的法定责任、排除劳动者权利的； (3) 违反法律、行政法规强制性规定的
无效劳动合同的后果	劳动合同被确认无效，劳动者已付出劳动的，用人单位应当向劳动者支付劳动报酬

> **上岸熊小贴士**
>
> 注意区分劳动合同和一般合同的无效。

考点五 劳动合同的履行、变更（★★）

【2019年单选题】

劳动报酬	(1) 包括货币工资、实物报酬、社会保险； (2) 用人单位拖欠或者未足额支付劳动报酬的，劳动者可以依法向当地人民法院申请支付令，人民法院应当依法发出支付令
用人单位变更对劳动合同履行的影响	(1) 用人单位变更名称、法定代表人、主要负责人或者投资人等事项，不影响劳动合同的履行； (2) 用人单位发生合并或者分立等情况，原劳动合同继续有效，劳动合同由承继其权利和义务的用人单位继续履行
劳动合同变更	(1) 用人单位与劳动者协商一致，可以变更劳动合同约定的内容； (2) 变更劳动合同，应当采用书面形式；变更后的劳动合同文本由用人单位和劳动者各执一份

考点六 劳动合同的解除（★★★★★）

【2018年单选题】【2019年多选题】【2020年单选题】【2021年单选题】【2022年多选题】

（一）劳动者提出劳动合同的解除

预告解除	(1) 劳动者提前30日以书面形式通知用人单位； (2) 在试用期内提前3日通知用人单位
随时解除	(1) 未按照劳动合同约定提供劳动保护或者劳动条件的； (2) 未及时足额支付劳动报酬的； (3) 未依法为劳动者缴纳社会保险费的； (4) 用人单位的规章制度违反法律、法规的规定，损害劳动者权益的； (5) 劳动合同无效的
立即解除	(1) 用人单位以暴力、威胁或者非法限制人身自由的手段强迫劳动者劳动的； (2) 用人单位违章指挥、强令冒险作业危及劳动者人身安全的

（二）用人单位提出劳动合同的解除

随时解除	（1）在试用期间被证明不符合录用条件的； （2）严重违反用人单位的规章制度的； （3）严重失职，营私舞弊，给用人单位造成重大损害的； （4）劳动者同时与其他用人单位建立劳动关系，对完成本单位的工作任务造成严重影响，或者经用人单位提出，拒不改正的； （5）特殊情况致使劳动合同无效的； （6）被依法追究刑事责任的
预告解除 （提前30日通知或额外支付1个月工资）	（1）劳动者患病或非因工负伤，在规定的医疗期满后不能从事原工作，也不能从事由用人单位另行安排的工作的； （2）劳动者不能胜任工作，经过培训或调整工作岗位，仍不能胜任工作的； （3）劳动合同订立时所依据的客观情况发生重大变化，致使劳动合同无法履行，经用人单位与劳动者协商，未能就变更劳动合同内容达成协议的
不得解除	（1）从事接触职业病危害作业的劳动者未进行离岗前职业健康检查，或者疑似职业病病人在诊断或者医学观察期间的； （2）在本单位患职业病或者因工负伤并被确认丧失或者部分丧失劳动能力的； （3）患病或者非因工负伤，在规定的医疗期内的； （4）女职工在孕期、产期、哺乳期的； （5）在本单位连续工作满15年，且距法定退休年龄不足5年的； （6）法律、行政法规规定的其他情形

（三）经济性裁员和优先留用

经济性裁员	（1）依照《中华人民共和国企业破产法》规定进行重整的； （2）生产经营发生严重困难的； （3）企业转产、重大技术革新或者经营方式调整，经变更劳动合同后，仍需裁减人员的； （4）其他因劳动合同订立时所依据的客观经济情况发生重大变化，致使劳动合同无法履行的
优先留用	（1）与本单位订立较长期限的固定期限劳动合同的； （2）与本单位订立无固定期限劳动合同的； （3）家庭无其他就业人员，有需要扶养的老人或者未成年人的。 6个月内重新招用人员，应当通知被裁减的人员，被裁减人员同等条件下优先招用

> **上岸熊小贴士**
>
> 劳动者试用期表现不佳，或犯有严重过错，用人单位才可以随时解除劳动合同。
> 劳动者非主观原因，或者用人单位也无过错，可预告解除劳动合同。

考点七 劳动合同的终止（★）

劳动合同的终止	（1）劳动合同期满的； （2）劳动者开始依法享有基本养老保险待遇的； （3）劳动者死亡，或者被人民法院宣告死亡或宣告失踪的； （4）用人单位被依法宣告破产的； （5）用人单位被吊销营业执照、责令关闭、撤销或用人单位决定提前解散的

考点八 经济补偿（★★）

【2021年多选题】

劳动合同期满		劳动者不同意续订	无须支付经济补偿
		单位不提出续订	应当支付经济补偿
劳动合同解除	协商解除	劳动者先提出	无须支付经济补偿
		单位先提出	应当支付经济补偿
	劳动者辞职	单位无过错	预告解除，无须支付经济补偿
		单位有过错	随时通知解除或无通知解除，应当支付经济补偿
	单位辞退	劳动者无过错（包括裁员）	预告解除，应当支付经济补偿
		劳动者有过错	随时解除，无须支付经济补偿

> **上岸熊小贴士**
>
> 劳动者无过错，不是由劳动者主动提出，合同解除终止都可以获得经济补偿。

考点九 劳务派遣（★★★★）

【2018年单选题】【2021年单选题】

特点		劳动者的聘用和使用分离
主体	劳动者	（1）劳务派遣用工是补充形式，只能在临时性、辅助性或者替代性的工作岗位上实施； （2）临时性工作岗位是指存续时间不超过6个月的岗位； （3）被派遣劳动者享有与用工单位的同类岗位劳动者同工同酬的权利

续表

特点		劳动者的聘用和使用分离
主体	用人单位（派遣单位）	（1）经营劳务派遣业务，应当向劳动行政部门依法申请行政许可； （2）劳务派遣单位应当与被派遣劳动者订立 2年以上的固定期限劳动合同，按月支付劳动报酬； （3）被派遣劳动者在无工作期间，劳务派遣单位应当按照所在地人民政府规定的最低工资标准，向其按月支付报酬
	用工单位	（1）执行国家劳动标准，提供相应的劳动条件和劳动保护； （2）告知被派遣劳动者的工作要求和劳动报酬； （3）支付加班费、绩效奖金，提供与工作岗位相关的福利待遇； （4）对在岗被派遣劳动者进行工作岗位所必需的培训； （5）连续用工的，实行正常的工资调整机制； （6）如被派遣者因工作遭受事故伤害的，劳务派遣单位应当依法申请工伤认定；用工单位应协助工伤认定的核实工作

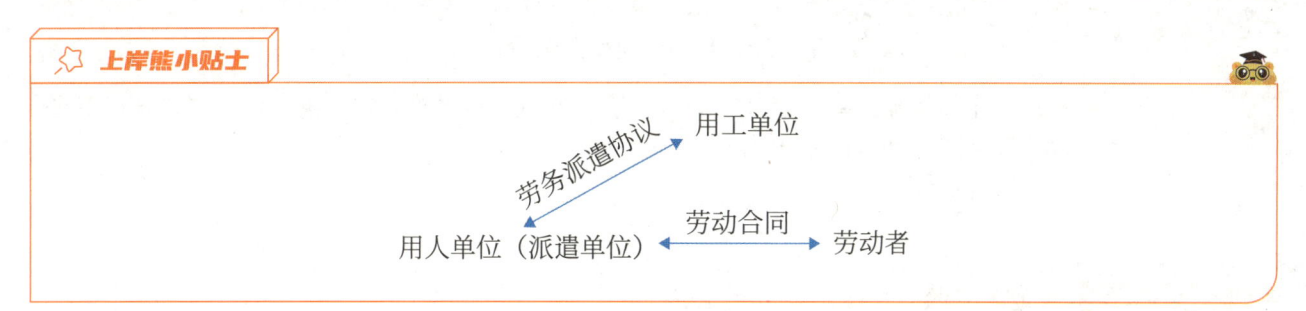

> 上岸熊小贴士

```
               劳务派遣协议      用工单位
                    ↘  ↗
                     ↙  ↘
        用人单位（派遣单位） ←劳动合同→ 劳动者
```

考点十　工作时间和休息休假（★★）

工作时间	国家实行劳动者每日工作时间不超过8小时、平均每周工作时间不超过44小时的工时制度。用人单位应当保证劳动者每周至少休息1日
休息休假	国家法定节假日应安排休假，另外劳动者连续工作1年以上的，享受带薪年休假。此外，劳动者按有关规定还可以享受探亲假、婚丧假、生育（产）假、节育手术假等
加班时间	（1）延长工作时间，一般每日不得超过1小时，特殊原因在保障劳动者身体健康的条件下每日不得超过3小时，每月不得超过36小时； （2）在发生自然灾害、事故等需要紧急处理，或者生产设备、交通运输线路、公共设施发生故障必须及时抢修等法律、行政法规规定的特殊情况的，延长工作时间不受上述限制
加班报酬	（1）工作日加班：不低于工资的150%的工资报酬； （2）休息日工作又不安排补休：不低于工资的200%的工资报酬； （3）法定休假日：不低于工资的300%的工资报酬

考点十一　农民工工资保证金（★★）

（1）施工总承包单位应当自工程取得施工许可证（开工报告批复）之日起20个工作日内（依法不需要办

理施工许可证或批准开工报告的工程自签订施工合同之日起20个工作日之内），持营业执照副本、与建设单位签订的施工合同在经办银行开立工资保证金专门账户存储工资保证金；

（2）工资保证金按工程施工合同额（或年度合同额）的一定比例存储，原则上不低于1%，不超过3%，单个工程合同额较高的，可设定存储上限；

（3）施工总承包单位在同一工资保证金管理地区有多个在建工程，存储比例可适当下浮但不得低于施工合同额（或年度合同额）的0.5%；

（4）施工合同额低于300万元的工程，且该工程的施工总承包单位在签订施工合同前一年内承建的工程未发生工资拖欠的，各地区可结合行业保障农民工工资支付实际，免除该工程存储工资保证金。

考点十二 女职工的特殊保护规定（★★★）

禁止从事	禁止安排从事矿山井下、国家规定的第四级体力劳动强度的劳动和其他禁忌从事的劳动
不得安排	经期：不得安排从事高处、低温、冷水作业和国家规定的第三级体力劳动强度的劳动
	孕期：不得安排从事国家规定的第三级体力劳动强度的劳动和孕期禁忌从事的劳动；怀孕7个月以上，不得安排其延长工作时间和夜班劳动
	哺乳期：不得安排从事国家规定的第三级体力劳动强度的劳动和哺乳期禁忌从事的其他劳动，不得安排其延长工作时间和夜班劳动
不得少于	产假：生育享受不少于90天的产假

考点十三 未成年工的特殊保护规定（★★★）

禁止	招用未满16周岁的未成年人
不得安排	（1）不得安排其从事过重、有毒、有害等危害未成年人身心健康的劳动或者危险作业； （2）不得安排未成年工从事矿山井下、有毒有害、国家规定的第四级体力劳动强度的劳动和其他禁忌从事的劳动
健康体检	用人单位应当对未成年工定期进行健康检查
岗前培训	上岗前用人单位对其进行有关的职业安全卫生教育、培训

考点十四 劳动争议的解决（★★）

【2022年单选题】

（一）不属于劳动争议的范围

（1）劳动者请求社会保险经办机构发放社会保险金的纠纷；
（2）劳动者与用人单位因住房制度改革产生的公有住房转让纠纷；
（3）劳动者对劳动能力鉴定委员会的伤残等级鉴定结论或者对职业病诊断鉴定委员会的职业病诊断鉴定

结论的异议纠纷；
(4) 家庭或者个人与家政服务人员之间的纠纷；
(5) 个体工匠与帮工、学徒之间的纠纷；
(6) 农村承包经营户与受雇人之间的纠纷。

（二）劳动争议的解决方式

解决方式	向谁申请	组成	担任主任
协商解决	—	—	—
调解	调解委员会	职工代表、用人单位代表、工会代表	工会代表
仲裁	仲裁委员会	劳动行政部门代表 同级工会代表 用人单位代表	劳动行政部门代表
诉讼	人民法院	—	—

考点十五 劳动争议的仲裁时效（★★）

(1) 劳动争议申请仲裁的时效期间为1年。
(2) 仲裁时效期间从当事人知道或者应当知道其权利被侵害之日起计算。
(3) 劳动关系存续期间因拖欠劳动报酬发生争议的，劳动者申请仲裁不受1年仲裁时效期间的限制。但是，劳动关系终止的，应当自劳动关系终止之日起1年内提出。

> **上岸熊小贴士**
>
> 注意劳动仲裁和民事仲裁的区别：
>
> | | 劳动仲裁 | 民事仲裁 |
> | --- | --- | --- |
> | 程序 | 先裁后审 | 或裁或审 |
> | 申请和受理 | 不需要仲裁协议 | 需要书面仲裁协议 |
> | 管辖 | 法定 | 约定 |
> | 仲裁庭组成 | 劳动仲裁委依职权 | 当事人依协议 |
> | 时效 | 1年（存续不限） | 适用诉讼时效 |

第三节　相关合同制度

【承揽合同】（★★★★★）

考点一　承揽合同的特征

【2022年单选题】
(1) 承揽合同以完成一定的工作并交付工作成果为标的。
(2) 承揽人须以自己的设备、技术和劳力完成所承揽的工作（当事人另有约定的除外）。
未经定作人的同意，承揽人将其承揽的主要工作交由第三人完成的，定作人可以解除合同；经定作人同意的，承揽人也应就第三人完成的工作成果向定作人负责。
承揽人有权将其承揽的辅助工作交由第三人完成。
(3) 承揽人工作具有独立性。

考点二　承揽合同当事人的权利义务

【2018年单选题】

承揽人的义务	定作人的义务
完成承揽工作	按照约定提供材料和协助承揽人完成工作的义务
材料检验	支付报酬的义务
通知和保密	依法赔偿损失的义务
接受监督检查和妥善保护工作成果	验收工作成果的义务：承揽人完成工作向定作人交付工作成果，并提交了必要的技术资料和有关质量证明的，定作人应当验收该工作成果
交付符合质量要求的工作成果 共同承揽人对定作人承担连带责任	

考点三　承揽合同的解除

【2019年单选题】【2020年单选题】

承揽人法定解除权	定作人法定解除权	定作人法定任意解除权
定作人不履行协助义务致使承揽工作不能完成的，承揽人可以催告定作人在合理期限内履行义务，并可以顺延履行期限；定作人逾期不履行的，承揽人可以依法解除合同	承揽人将其承揽的主要工作交由第三人完成的，仍向定作人负责；未经定作人同意的，定作人可以解除合同	定作人在承揽人完成工作前可以随时解除承揽合同，造成承揽人损失的，应当赔偿损失

> **上岸熊小贴士**
>
> 定作人可以随时解除承揽合同，造成承揽人损失的，应当赔偿损失。

【买卖合同】（★★★）

考点一　买卖合同的法律特征

【2020年单选题】

（1）买卖合同要转移合同标的财产的所有权；

（2）**买卖合同是有偿合同；买卖合同是双务合同；买卖合同是诺成合同；**

（3）买卖合同可以是书面的，也可以是口头的。但对于房产买卖等标的物金额较大的合同，应当签订书面合同。

考点二　买卖合同当事人的权利义务

出卖人的义务	买受人的义务
按照合同约定交付标的物	支付价款义务
转移标的物所有权的义务	受领标的物的义务
瑕疵担保义务：权利瑕疵担保和物的瑕疵担保	对标的物进行检验和及时通知的义务

考点三　标的物毁损、灭失风险的承担

【2019年单选题】【2020年多选题】

（1）标的物毁损、灭失的风险，在标的物交付之前由出卖人承担，交付之后由买受人承担。因买受人的原因致使标的物不能按照约定的期限交付的，买受人应当自违反约定之日起承担标的物毁损、灭失的风险。

（2）出卖人出卖交由承运人运输的在途标的物，除当事人另有约定的外，毁损、灭失的风险自合同成立时起由买受人承担。

（3）对于需要运输的标的物，当事人没有约定交付地点或者约定不明确，出卖人将标的物交付给第一承运人后，标的物毁损、灭失的风险由买受人承担。

（4）出卖人依约将标的物置于交付地点，买受人违反约定没有收取的，标的物毁损、灭失的风险自违反约定之日起由买受人承担。

（5）出卖人按照约定未交付有关标的物的单证和资料的，不影响标的物毁损、灭失风险的转移。

> 上岸熊小贴士

情形	风险承担方
通常情况	交付之前由出卖人承担，交付之后由买受人承担
出卖人出卖交由承运人运输的在途标的物	自合同成立时由买受人承担
需要运输且未约定交付地点的	自交付给第一承运人后，风险由买受人承担

【借款合同】（★★★）

考点一　借款合同的法律特征

【2018年单选题】

（1）借款合同的标的物是货币；

（2）借款合同一般为要式合同：借款合同采用书面形式，但自然人之间借款另有约定的除外；

（3）借款合同一般是有偿合同（有息借款）：借款合同原则上为有偿合同（有息借款），也可以是无偿合同（无息借款）。

考点二　借贷双方的义务

贷款人的义务	（1）提供借款：贷款人未按照约定的日期、数额提供借款，造成借款人损失，应当赔偿损失； （2）不得预扣利息：借款的利息不得预先在本金中扣除；利息预先在本金中扣除的，应当按照实际借款数额返还借款并计算利息
借款人的义务	（1）提供担保、真实情况； （2）按照约定收取借款，按照约定用途使用借款； （3）按期归还本金和利息

考点三　借款合同的其他规定

自然人之间的借款	（1）自然人之间的借款合同，自贷款人提供借款时生效； （2）自然人之间的借款合同对支付利息没有约定或约定不明确的，视为不支付利息
借贷的利率	出借人请求借款人按照合同约定利率支付利息的，人民法院应予支持，但是双方约定的利率超过合同成立时一年期贷款市场报价利率4倍的除外

【租赁合同】（★★★）

考点一　租赁合同的法律特征

（1）租赁合同是转移租赁物使用收益权的合同，也是诺成合同和双务、有偿合同；

（2）在租赁合同中，承租人的目的是取得租赁物的使用收益权，出租人也只转让租赁物的使用收益权，而不转让其所有权；

（3）租赁合同终止时，承租人须返还租赁物；

（4）租赁合同的成立不以租赁物的交付为要件，当事人只要依法达成协议，合同即告成立。

考点二　租赁合同的期限和不定期租赁

【2020年单选题】【2021年单选题】

租赁合同的期限	（1）租赁期限6个月以上的，应当采用书面形式；当事人未采用书面形式，无法确定租赁期限的，视为不定期租赁。 （2）租赁合同可以约定租赁期限，但租赁期限不得超过20年；超过20年的，超过部分无效
不定期租赁	（1）不定期租赁的两种情形： ①当事人没有约定租赁期限； ②定期租赁合同届满，承租人继续使用租赁物，出租人没有提出异议的，原租赁合同继续有效，但租赁期限为不定期。 （2）不定期租赁的，当事人可以随时解除合同，但应当在合理期限之前通知对方

考点三　租赁合同当事人的义务

出租人的义务	（1）交付出租物，维修租赁物。 因承租人的过错致使租赁物需要维修的，出租人不承担《中华人民共和国民法典》第713条第1款规定的维修义务； （2）权利瑕疵担保，物的瑕疵担保； （3）保证承租人优先购买权和保证共同居住人继续承租。 承租人享有以同等条件优先购买的权利，但是，房屋按份共有人行使优先购买权或者出租人将房屋出卖给近亲属的除外。出租人履行通知义务后，承租人在15日内未明确表示购买的，视为承租人放弃优先购买权。租赁物在承租人按照租赁合同占有期限内发生所有权变动的，不影响租赁合同的效力
承租人的义务	（1）支付租金； （2）按照约定使用租赁物，妥善保管租赁物； （3）有关事项通知，返还租赁物和损失赔偿（承租人经出租人同意，可以将租赁物转租给第三人，出租人知道或者应当知道承租人转租，但是在6个月内未提出异议的，视为出租人同意转租）

【融资租赁合同】（★★★★）

考点一　融资租赁合同的定义与法律特征

【2020年单选题】

定义	（1）融资租赁合同是出租人根据承租人对出卖人、租赁物的选择，向出卖人购买租赁物，提供给承租人使用，承租人支付租金的合同； （2）融资租赁合同涉及出租人、出卖人和承租人三方主体	
法律特征	出租人身份的二重性	（1）出租人是租赁行为的出租方，但在承租人选择承租物和出卖人后，出租人与出卖人之间构成了法律上的买卖关系，因而又是买受人； （2）承租人将其自有物出卖给出租人，再通过融资租赁合同将租赁物从出租人处租回的，人民法院不应仅以承租人和出卖人系同一人为由认定不构成融资租赁法律关系
	出卖人权利与义务相对人的差异性	出卖人是向承租人履行交付标的物和瑕疵担保义务，而不是向买受人（出租人）履行义务，即承租人享有买受人的权利但不承担买受人的义务
	融资租赁合同是要式合同	融资租赁合同应当采用书面形式

考点二　融资租赁合同当事人的权利义务

【2018年单选题】【2021年多选题】

出租人的义务	出卖人的义务	承租人的义务
（1）向出卖人支付价金； （2）保证承租人对租赁物占有和使用； （3）协助承租人索赔和尊重承租人选择权	（1）向承租人交付标的物； （2）标的物的瑕疵担保	（1）支付租金； （2）妥善保管和使用租赁物； （3）租赁期限届满返还租赁物； （4）承租人未经出租人同意，将租赁物转让、抵押、质权、投资入股或者以其他方式处分的，出租人可以解除融资租赁合同

上岸熊小贴士

丙（出租人＝买受人）
（付钱&收租，只管钱不管货）

租赁　　买卖

甲（承租人）　交付标的物　乙（出卖人）
　　　　　　　瑕疵担保义务
自己收货
自己维修
自己承担毁损风险

【货运合同】（★★★）

考点一　货运合同的法律特征

【2021年单选题】

货运合同是双务、有偿合同	(1) 承运人与托运人各承担一定的义务，互享一定的权利； (2) 承运人有义务安全、准时将货物运抵约定地点，并有权取得托运人支付的费用，而托运人或收货人有义务支付运输费用
货运合同的标的是运输行为	货运合同当事人的权利及义务关系，不是围绕货物本身产生的，而是围绕着运送货物的行为而产生
货运合同是诺成合同	货运合同一般以托运人提出运输货物的请求为要约，承运人同意运输为承诺，合同即告成立
货运合同当事人的特殊性	货运合同的收货人和托运人可以是同一人，但在大多数情况下不是同一人

考点二　货运合同当事人的权利义务

【2019年单选题】

承运人	权利	(1) 求偿权； (2) 特殊情况下的拒运权：托运人违反包装的规定的，承运人可以拒绝运输； (3) 留置权：托运人或者收货人不支付运费、保管费以及其他运输费用的，承运人对相应的运输货物享有留置权，但当事人另有约定的除外
	义务	(1) 运送货物； (2) 及时通知提领货物； (3) 按指示运输； (4) 货物毁损灭失的赔偿； (5) 因不可抗力灭失货物不得要求支付运费：货物在运输过程中因不可抗力灭失，未收取运费的，承运人不得要求支付运费；已收取运费的，托运人可以要求返还
托运人	权利	(1) 有条件的拒绝支付运费权； (2) 任意变更解除权：在承运人将货物交付收货人之前，托运人可以要求承运人中止运输、返还货物、变更到达地或者将货物交给其他收货人，但应当赔偿承运人因此受到的损失
	义务	(1) 支付运费； (2) 妥善包装：托运人托运易燃、易爆、有毒、有腐蚀性、有放射性等危险物品的，应当按照国家有关危险品运输的规定对危险物品妥善包装，做出危险物标志和标签，并将有关危险物品的名称、性质和防范措施的书面材料提交承运人。托运人违反以上规定的，承运人可以拒绝运输，也可以采取相应措施以避免损失的发生，因此产生的费用由托运人承担； (3) 告知：因托运人申报不实或者遗漏重要情况，造成承运人损失的，托运人应当承担损害赔偿责任

续表

收货人	权利	承运人未按照约定路线或者通常路线运输增加运输费用的，托运人或者收货人可以拒绝支付增加部分的运输费用
	义务	（1）提货验收； （2）支付托运人未付或者少付运费及其他费用

【仓储合同】（★★）

考点一　仓储合同的法律特征

仓储合同是一种特殊的保管合同	（1）仓储合同是诺成合同：仓储合同自成立时生效，不以仓储物是否交付为要件。这是区别于保管合同的显著特征； （2）仓储合同的保管对象是动产； （3）仓储合同是双务合同、有偿合同：仓储合同是保管人储存存货人交付的仓储物，存货人支付仓储费的合同。存货人或者仓单持有人逾期提取的，应当加收仓储费。提前提取的，不减收仓储费

考点二　仓储合同当事人的义务

【2019年多选题】【2022年单选题】

保管人义务	（1）验收的义务； （2）出具仓单的义务：仓单是提取仓储物的凭证。存货人或者仓单持有人在仓单上背书并经保管人签字或者盖章的，可以转让提取仓储物的权利； （3）允许检查或者提取样品的义务； （4）通知的义务； （5）催告或做出必要处置的义务； （6）损害赔偿的义务：储存期内，因保管不善造成仓储物毁损、灭失的，保管人应当承担赔偿责任。因仓储物本身的自然性质、包装不符合约定或者超过有效储存期造成仓储物变质、损坏的，保管人不承担损害赔偿责任
存货人义务	（1）支付仓储费用的义务； （2）说明的义务； （3）按时提取仓储物：储存期限届满，存货人或者仓单持有人应当凭仓单、入库单等提取仓储物。存货人或者仓单持有人逾期提取的，应当加收仓储费；提前提取的，不减收仓储费

熊熊总结

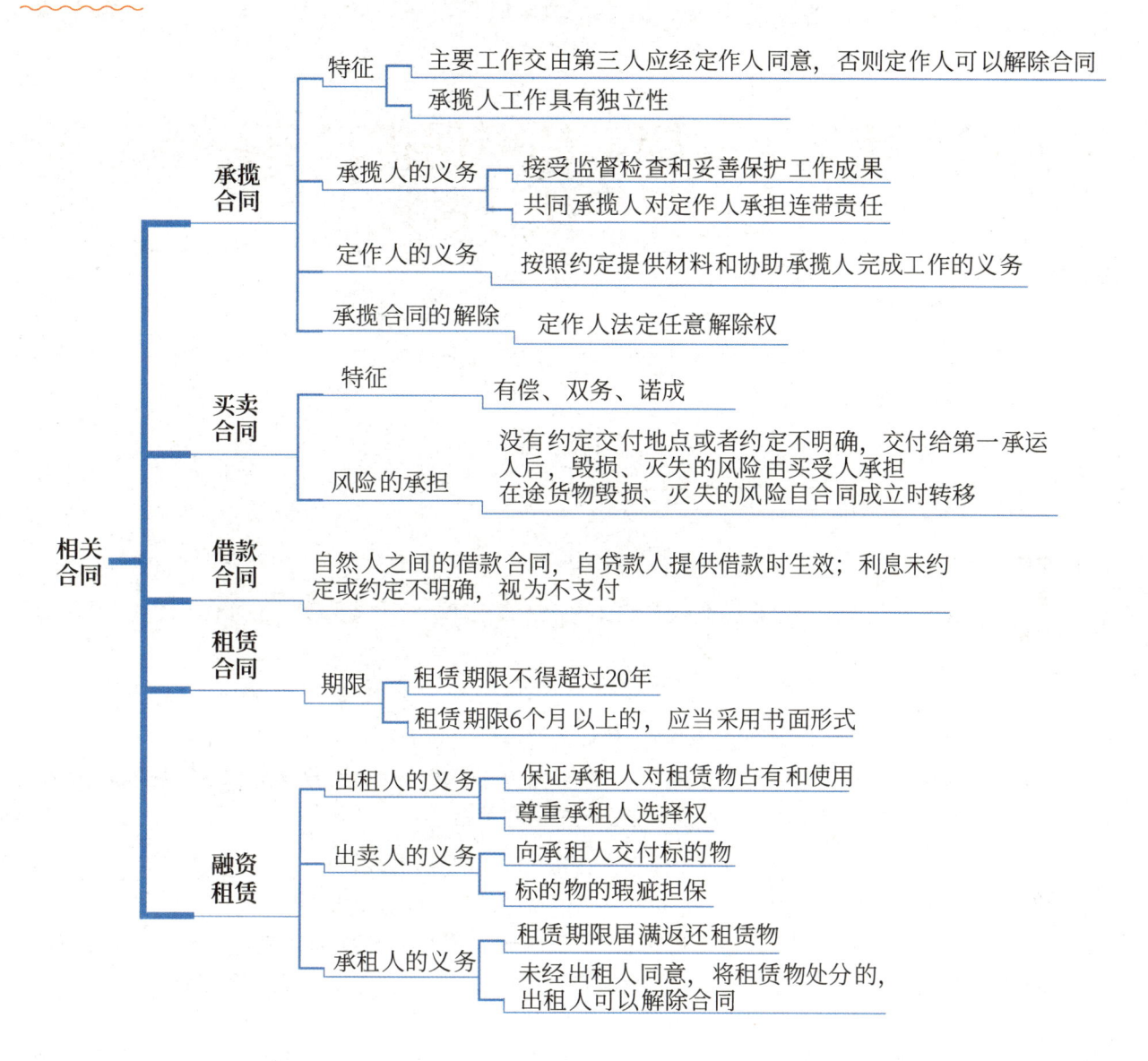

相关合同
- **承揽合同**
  - 特征
    - 主要工作交由第三人应经定作人同意，否则定作人可以解除合同
    - 承揽人工作具有独立性
  - 承揽人的义务
    - 接受监督检查和妥善保护工作成果
    - 共同承揽人对定作人承担连带责任
  - 定作人的义务
    - 按照约定提供材料和协助承揽人完成工作的义务
  - 承揽合同的解除
    - 定作人法定任意解除权
- **买卖合同**
  - 特征：有偿、双务、诺成
  - 风险的承担
    - 没有约定交付地点或者约定不明确，交付给第一承运人后，毁损、灭失的风险由买受人承担
    - 在途货物毁损、灭失的风险自合同成立时转移
- **借款合同**
  - 自然人之间的借款合同，自贷款人提供借款时生效；利息未约定或约定不明确，视为不支付
- **租赁合同**
  - 期限
    - 租赁期限不得超过20年
    - 租赁期限6个月以上的，应当采用书面形式
- **融资租赁**
  - 出租人的义务
    - 保证承租人对租赁物占有和使用
    - 尊重承租人选择权
  - 出卖人的义务
    - 向承租人交付标的物
    - 标的物的瑕疵担保
  - 承租人的义务
    - 租赁期限届满返还租赁物
    - 未经出租人同意，将租赁物处分的，出租人可以解除合同

第五章 建设工程施工环境保护、节约能源和文物保护法律制度

第一节 施工现场环境保护制度

考点一 施工现场噪声污染的防治（★★★★）

【2018年单选题】【2021年单选题】【2022年单选题】

噪声排放标准	(1) 建筑施工场界环境噪声排放限值，昼间70dB，夜间55dB。夜间噪声最大声级超过限值的幅度不得高于15dB。 (2) "昼间"是指6:00至22:00之间的时段。"夜间"是指22:00至次日6:00之间的时段
使用机械设备防止产生噪声污染	在噪声敏感建筑物集中区域施工作业，应当优先使用低噪声施工工艺和设备； 国务院工业和信息化主管部门会同国务院生态环境、住房和城乡建设、市场监督管理等部门，公布低噪声施工设备指导名录并适时更新
禁止夜间进行产生噪声污染施工作业	(1) 在噪声敏感建筑物集中区域，禁止夜间进行产生噪声的建筑施工作业，但抢修、抢险施工作业，因生产工艺要求或者其他特殊需要必须连续施工作业的除外； (2) 因特殊需要必须连续施工作业的，应当取得地方人民政府住房和城乡建设、生态环境主管部门或者地方人民政府指定的部门的证明，并在施工现场显著位置公示或者以其他方式公告附近居民； (3) 所谓噪声敏感建筑物集中区域，是指医疗区、文教科研区和以机关或者居民住宅为主的区域。所谓噪声敏感建筑物，是指用于居住、科学研究、医疗卫生、文化教育、机关团体办公、社会福利等需要保持安静的建筑物
建设项目噪声污染的防治	(1)《中华人民共和国噪声污染防治法》规定，新建、改建、扩建可能产生噪声污染的建设项目，应当依法进行环境影响评价。 (2) 建设项目的噪声污染防治设施应当与主体工程同时设计、同时施工、同时投产使用。 (3) 建设项目在投入生产或者使用之前，建设单位应当依照有关法律法规的规定，对配套建设的噪声污染防治设施进行验收，编制验收报告，并向社会公开。未经验收或者验收不合格的，该建设项目不得投入生产或者使用

> **上岸熊小贴士**

抢修、抢险，因生产工艺要求连续施工作业	申报时无须证明	需公告附近居民
特殊需要必须连续施工作业	申报时需持（有关部门）证明	

考点二　施工现场大气污染的防治（★★★）

【2019年单选题】

（1）建设单位应当将防治扬尘污染的费用列入工程造价，并在施工承包合同中明确施工单位扬尘污染防治责任。

（2）暂时不能开工的建设用地，建设单位应当对裸露地面进行覆盖；超过3个月的，应当进行绿化、铺装或者遮盖。

（3）施工单位应制定具体的施工扬尘污染防治实施方案，在施工工地公示扬尘污染防治措施、负责人、扬尘监督管理主管部门等信息。

（4）城市范围内主要路段的施工工地应设置高度不小于2.5m的封闭围挡，一般路段的施工工地应设置高度不小于1.8m的封闭围挡。施工工地的封闭围挡应坚固、稳定、整洁、美观。

（5）在规定区域内的施工现场应使用预拌混凝土及预拌砂浆。采用现场搅拌混凝土或砂浆的场所应采取封闭、降尘、降噪措施。

（6）施工现场严禁焚烧各类废弃物。

（7）鼓励施工工地安装在线监测和视频监控设备，并与当地有关主管部门联网。当环境空气质量指数达到中度及以上污染时，施工现场应增加洒水频次，加强覆盖措施，减少易造成大气污染的施工作业。

考点三　施工现场水污染的防治（★★）

（1）排放水污染物，不得超过国家或者地方规定的水污染物排放标准和重点水污染物排放总量控制指标。

（2）禁止向水体排放、倾倒放射性固体废物或者含有高放射性和中放射性物质的废水。向水体排放含低放射性物质的废水，应当符合国家有关放射性污染防治的规定和标准。

（3）禁止利用无防渗漏措施的沟渠、坑塘等输送或者存贮含有毒污染物的废水、含病原体的污水和其他废弃物。

（4）在饮用水水源保护区内，禁止设置排污口。在风景名胜区水体、重要渔业水体和其他具有特殊经济文化价值的水体的保护区内，不得新建排污口。在保护区附近新建排污口，应当保证保护区水体不受污染。

（5）兴建地下工程设施或者进行地下勘探、采矿等活动，应当采取防护性措施，防止地下水污染；人工回灌补给地下水，不得恶化地下水质。

考点四 排水许可证（★★★）

【2018年单选题】【2022年单选题】

申办单位	未取得排水许可证，排水户不得向城镇排水设施排放污水；因施工作业需要向城镇排水设施排入污水的，由建设单位申请领取排水许可证
有效期	因施工作业需要向城镇排水设施排水的，排水许可证的有效期，由城镇排水主管部门根据排水状况确定，但不得超过施工期限
排水要求	（1）排水户应当按照排水许可证确定的排水类别、总量、时限、排放口位置和数量、排放的主要污染物项目和浓度等要求排放污水； （2）排水户不得有下列危及城镇排水设施安全的活动： ①向城镇排水设施排放、倾倒剧毒、易燃易爆物质、腐蚀性废液和废渣、有害气体和烹饪油烟等； ②堵塞城镇排水设施或者向城镇排水设施内排放、倾倒垃圾、渣土、施工泥浆、油脂、污泥等易堵塞物； ③擅自拆卸、移动、穿凿和接入城镇排水设施； ④擅自向城镇排水设施加压排放污水
不得收费	城镇排水主管部门实施排水许可不得收费

考点五 施工现场固体废物污染环境的防治（★★★）

【2019年单选题】【2020年单选题】【2021年单选题】

固体废物转移	（1）转移固体废物出省、自治区、直辖市行政区域贮存、处置的，应当向固体废物移出地的省、自治区、直辖市人民政府生态环境主管部门提出申请； （2）移出地的省、自治区、直辖市人民政府生态环境主管部门应当及时商经接受地的省、自治区、直辖市人民政府生态环境主管部门同意后，在规定期限内批准转移该固体废物出省、自治区、直辖市行政区域； （3）未经批准的，不得转移
回收再利用	加强建筑垃圾的回收再利用，力争建筑垃圾的再利用和回收率达到30%，建筑物拆除产生的废弃物的再利用和回收率大于40%。对于碎石类、土石方类建筑垃圾，可采用地基填埋、铺路等方式提高再利用率，力争再利用率大于50%
垃圾清运	（1）施工单位不得将建筑垃圾交给个人或者未经核准从事建筑垃圾运输的单位运输； （2）处置建筑垃圾的单位在运输建筑垃圾时，应当随车携带建筑垃圾处置核准文件，按照城市人民政府有关部门规定的运输路线、时间运行，不得丢弃、遗撒建筑垃圾，不得超出核准范围承运建筑垃圾； （3）施工现场生活区设置封闭式垃圾容器，施工场地生活垃圾实行袋装化，及时清运； （4）对建筑垃圾进行分类，并收集到现场封闭式垃圾站，集中运出

熊熊总结

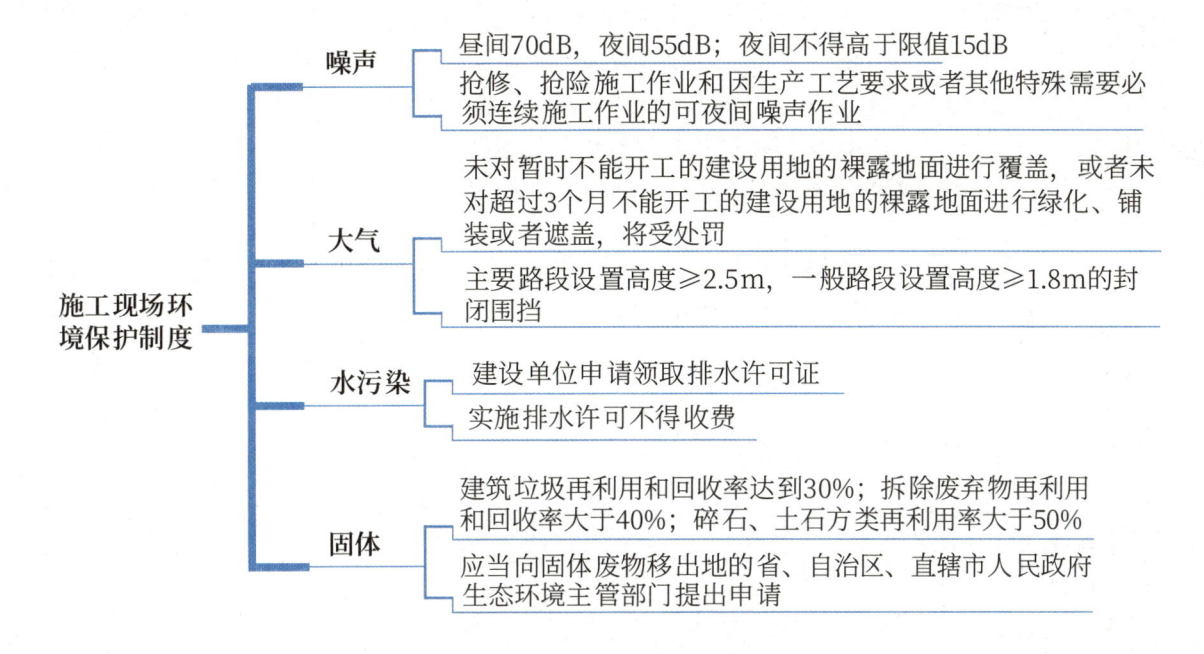

施工现场环境保护制度
- 噪声
  - 昼间70dB，夜间55dB；夜间不得高于限值15dB
  - 抢修、抢险施工作业和因生产工艺要求或者其他特殊需要必须连续施工作业的可夜间噪声作业
- 大气
  - 未对暂时不能开工的建设用地的裸露地面进行覆盖，或者未对超过3个月不能开工的建设用地的裸露地面进行绿化、铺装或者遮盖，将受处罚
  - 主要路段设置高度≥2.5m，一般路段设置高度≥1.8m的封闭围挡
- 水污染
  - 建设单位申请领取排水许可证
  - 实施排水许可不得收费
- 固体
  - 建筑垃圾再利用和回收率达到30%；拆除废弃物再利用和回收率大于40%；碎石、土石方类再利用率大于50%
  - 应当向固体废物移出地的省、自治区、直辖市人民政府生态环境主管部门提出申请

第二节 施工节约能源制度

考点一 合理使用与节约能源的一般规定（★★★）

【2020年单选题】【2021年单选题】

合理使用与节约能源的一般规定	节能的产业政策	(1) 国家对落后的耗能过高的用能产品、设备和生产工艺实行淘汰制度； (2) 禁止使用国家明令淘汰的用能设备、生产工艺； (3) 国家鼓励企业制定严于国家标准、行业标准的企业节能标准
	用能单位的法定义务	(1) 用能单位应当建立节能目标责任制，对节能工作取得成绩的集体、个人给予奖励；用能单位应当定期开展节能教育和岗位节能培训。 (2) 用能单位应当加强能源计量管理，按照规定配备和使用经依法检定合格的能源计量器具。 (3) 用能单位应当建立能源消费统计和能源利用状况分析制度，对各类能源的消费实行分类计量和统计，并确保能源消费统计数据真实、完整。 (4) 任何单位不得对能源消费实行包费制

续表

建筑节能的规定	节能改造	(1) 不符合强制性节能标准的项目，建设单位不得开工建设。已经建成的，不得投入生产、使用。政府投资项目不符合强制性节能标准的，依法负责项目审批的机关不得批准建设； (2) 国家鼓励在新建建筑和既有建筑节能改造中使用新型墙体材料等节能建筑材料和节能设备，安装和使用太阳能等可再生能源利用系统
	工程监理单位的节能义务	未经监理工程师签字，建筑材料、建筑构配件和设备不得在工程上使用或者安装，施工单位不得进行下一道工序的施工

考点二　施工节能的规定（★★★★★）

【2018年单选题】【2018年多选题】【2019年多选题】【2020年多选题】【2021年多选题】【2022年单选题】【2022年多选题】

	四节一环保：节能、节地、节水、节材和环境保护
节材与材料资源利用	(1) 国家鼓励利用无毒无害的固体废物生产建筑材料，鼓励使用散装水泥，推广使用预拌混凝土和预拌砂浆； (2) 禁止损毁耕地烧砖。在国务院或者省、自治区、直辖市人民政府规定的期限和区域内，禁止生产、销售和使用黏土砖； (3) 图纸会审时，应审核节材与材料资源利用的相关内容，达到材料损耗率比定额损耗率降低30%； (4) 根据现场平面布置情况就近卸载，避免和减少二次搬运； (5) 采取技术和管理措施提高模板、脚手架等的周转次数； (6) 优化安装工程的预留、预埋、管线路径等方案； (7) 应就地取材，施工现场500公里以内生产的建筑材料用量占建筑材料总重量的70%以上
节水与水资源利用	国家鼓励和支持使用再生水
	提高用水效率： (1) 施工中采用先进的节水施工工艺； (2) 施工现场喷洒路面、绿化浇灌不宜使用市政自来水。现场搅拌用水、养护用水应采取有效的节水措施，严禁无措施浇水养护混凝土； (3) 现场机具、设备、车辆冲洗用水必须设立循环用水装置。施工现场办公区、生活区的生活用水采用节水系统和节水器具，提高节水器具配置比率。项目临时用水应使用节水型产品，安装计量装置，采取针对性的节水措施； (4) 施工现场建立可再利用水的收集处理系统，使水资源得到梯级循环利用； (5) 施工现场分别对生活用水与工程用水确定用水定额指标，并分别计量管理； (6) 对混凝土搅拌站点等用水集中的区域和工艺点进行专项计量考核。施工现场建立雨水、中水或可再利用水的收集利用系统

续表

节水与水资源利用	非传统水源利用： (1) 优先采用中水搅拌、中水养护，有条件的地区和工程应收集雨水养护； (2) 处于基坑降水阶段的工地，宜优先采用地下水作为混凝土搅拌用水、养护用水、冲洗用水和部分生活用水； (3) 现场机具、设备、车辆冲洗，喷洒路面，绿化浇灌等用水，优先采用非传统水源，尽量不使用市政自来水； (4) 大型施工现场，尤其是雨量充沛地区的大型施工现场建立雨水收集利用系统，充分收集自然降水用于施工和生活中适宜的部位； (5) 力争施工中非传统水源和循环水的再利用量大于30%
节能与能源利用	(1) 临时用电优先选用节能电线和节能灯具，临电线路合理设计、布置，临电设备宜采用自动控制装置；采用声控、光控等节能照明灯具。 (2) 照明设计以满足最低照度为原则，照度不应超过最低照度的20%
节地与施工用地保护	(1) 临时设施占地面积有效利用率大于90%。 (2) 施工现场搅拌站、仓库、加工厂、作业棚、材料堆场等布置应尽量靠近已有交通线路或即将修建的正式或临时交通线路，缩短运输距离。 (3) 施工现场围墙可采用连续封闭的轻钢结构预制装配式活动围挡，减少建筑垃圾，保护土地。 (4) 施工现场道路按照永久道路和临时道路相结合的原则布置。施工现场内形成环形通路，减少道路占用土地

熊熊总结

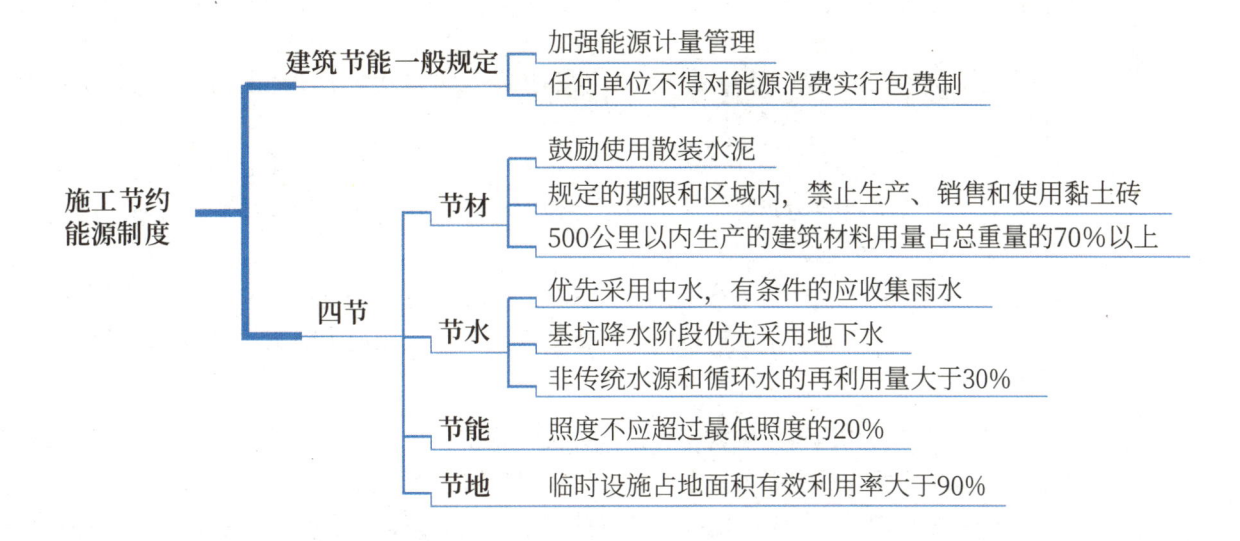

```
                          ┌── 建筑节能一般规定 ┬── 加强能源计量管理
                          │                    └── 任何单位不得对能源消费实行包费制
                          │
                          │                    ┌── 鼓励使用散装水泥
施工节约  ────────────────┤              ┌── 节材 ┼── 规定的期限和区域内，禁止生产、销售和使用黏土砖
能源制度                  │              │        └── 500公里以内生产的建筑材料用量占总重量的70%以上
                          │              │
                          └── 四节 ──────┤        ┌── 优先采用中水，有条件的应收集雨水
                                         ├── 节水 ┼── 基坑降水阶段优先采用地下水
                                         │        └── 非传统水源和循环水的再利用量大于30%
                                         │
                                         ├── 节能 ── 照度不应超过最低照度的20%
                                         │
                                         └── 节地 ── 临时设施占地面积有效利用率大于90%
```

第三节 施工文物保护制度

考点一 属于国家所有的文物范围（★★★★★）

【2018年单选题】【2019年单选题】【2021年单选题】【2022年单选题】

遗存文物	中华人民共和国境内地下、内水和领海中遗存的一切文物，属于国家所有
属于国家所有的不可移动文物范围	（1）古文化遗址、古墓葬、石窟寺属于国家所有。国家指定保护的纪念建筑物、古建筑、石刻、壁画、近代现代代表性建筑等不可移动文物，除国家另有规定的以外，属于国家所有； （2）国有不可移动文物的所有权不因其所依附的土地所有权或者使用权的改变而改变
属于国家所有的可移动文物范围	（1）下列可移动文物，属于国家所有： ①中国境内出土的文物，国家另有规定的除外； ②国有文物收藏单位以及其他国家机关、部队和国有企业、事业组织等收藏、保管的文物； ③国家征集、购买的文物； ④公民、法人和其他组织捐赠给国家的文物。 （2）属于国家所有的可移动文物的所有权不因其保管、收藏单位的终止或者变更而改变

考点二 文物保护单位的保护范围和建设控制地带（★★★）

【2018年单选题】【2021年单选题】

文物保护单位的保护范围	（1）文物保护单位的保护范围，是指对文物保护单位本体及周围一定范围实施重点保护的区域； （2）全国重点文物保护单位和省级文物保护单位自核定公布之日起1年内，由省、自治区、直辖市人民政府划定必要的保护范围，作出标志说明，建立记录档案，设置专门机构或者指定专人负责管理； （3）设区的市、自治州级和县级文物保护单位自核定公布之日起1年内，由核定公布该文物保护单位的人民政府划定保护范围，作出标志说明，建立记录档案，设置专门机构或者指定专人负责管理
文物保护单位的建设控制地带	（1）文物保护单位的建设控制地带，是指在文物保护单位的保护范围外，为保护文物保护单位的安全、环境、历史风貌对建设项目加以限制的区域； （2）全国重点文物保护单位的建设控制地带，经省、自治区、直辖市人民政府批准，由省、自治区、直辖市人民政府的文物行政主管部门会同城乡规划行政主管部门划定并公布； （3）省级、设区的市、自治州级和县级文物保护单位的建设控制地带，经省、自治区、直辖市人民政府批准，由核定公布该文物保护单位的人民政府的文物行政主管部门会同城乡规划行政主管部门划定并公布

在文物保护单位保护范围和建设控制地带内从事建设活动的相关规定	(1) 文物保护单位的保护范围内不得进行其他建设工程或者爆破、钻探、挖掘等作业； (2) 因特殊情况需要在文物保护单位的保护范围内进行其他建设工程或者爆破、钻探、挖掘等作业的，必须保证文物保护单位的安全，并经核定公布该文物保护单位的人民政府批准，在批准前应当征得上一级人民政府文物行政部门同意； (3) 在全国重点文物保护单位的保护范围内进行其他建设工程或者爆破、钻探、挖掘等作业的，必须经省、自治区、直辖市人民政府批准，在批准前应当征得国务院文物行政部门同意

考点三　在历史文化名城、名镇、名村保护范围内从事建设活动的规定（★★）

【2019年单选题】

在历史文化名城、名镇、名村保护范围内禁止进行的活动	(1) 开山、采石、开矿等破坏传统格局和历史风貌的活动； (2) 占用保护规划确定保留的园林绿地、河湖水系、道路等； (3) 修建生产、储存爆炸性、易燃性、放射性、毒害性、腐蚀性物品的工厂、仓库等； (4) 在历史建筑上刻划、涂污
制订保护方案，并办理相关手续后在历史文化名城、名镇、名村保护范围内可以进行的活动	(1) 改变园林绿地、河湖水系等自然状态的活动； (2) 在核心保护范围内进行影视摄制、举办大型群众性活动； (3) 其他影响传统格局、历史风貌或者历史建筑的活动
新建与扩建	在历史文化街区、名镇、名村核心保护范围内，不得进行新建、扩建活动；但是，新建、扩建必要的基础设施和公共服务设施除外
迁移与拆除	(1) 在历史文化街区、名镇、名村核心保护范围内，拆除历史建筑以外的建筑物、构筑物或者其他设施的，应当经城市、县人民政府城乡规划主管部门会同同级文物主管部门批准； (2) 任何单位或者个人不得损坏或者擅自迁移、拆除历史建筑

考点四　施工发现文物的报告和保护（★★）

【2020年单选题】

在进行建设工程或者在农业生产中，任何单位或者个人发现文物，应当保护现场，立即报告当地文物行政部门，文物行政部门接到报告后，如无特殊情况，应当在24小时内赶赴现场，并在7日内提出处理意见。

熊熊总结

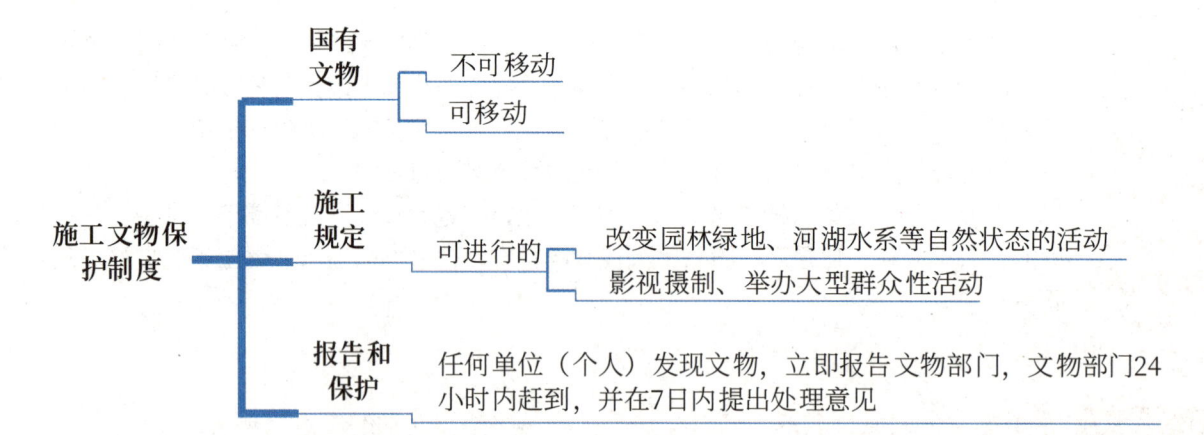

施工文物保护制度
- 国有文物
  - 不可移动
  - 可移动
- 施工规定
  - 可进行的
    - 改变园林绿地、河湖水系等自然状态的活动
    - 影视摄制、举办大型群众性活动
- 报告和保护：任何单位（个人）发现文物，立即报告文物部门，文物部门24小时内赶到，并在7日内提出处理意见

第六章 建设工程安全生产法律制度

第一节 施工安全生产许可证制度

考点一 安全生产许可证的申领（★★★★★）

【2019年单选题】【2020年多选题】【2021年多选题】【2022年单选题】【2022年多选题】

申领单位	建筑施工企业，矿山企业，烟花爆竹、危险化学品、民用爆炸物品生产企业
申领条件	(1) 建立健全安全生产责任制，制定完备的安全生产规章制度和操作规程； (2) 保证本单位安全生产条件所需资金的投入； (3) 设置安全生产管理机构，按照国家有关规定配备专职安全生产管理人员； (4) 主要负责人、项目负责人、专职安全生产管理人员经建设主管部门或者其他有关部门考核合格； (5) 特种作业人员经有关业务主管部门考核合格，取得特种作业操作资格证书； (6) 管理人员和作业人员每年至少进行1次安全生产教育培训并考核合格； (7) 依法参加工伤保险，依法为施工现场从事危险作业的人员办理意外伤害保险，为从业人员交纳保险费； (8) 施工现场的办公、生活区及作业场所和安全防护用具、机械设备、施工机具及配件符合有关安全生产法律、法规、标准和规程的要求； (9) 有职业危害防治措施，并为作业人员配备符合国家标准或者行业标准的安全防护用具和安全防护服装； (10) 有对危险性较大的分部分项工程及施工现场易发生重大事故的部位、环节的预防、监控措施和应急预案； (11) 有生产安全事故应急救援预案、应急救援组织或者应急救援人员，配备必要的应急救援器材、设备

考点二 安全生产许可证的规定（★★★★★）

【2018年单选题】【2018年多选题】【2019年单选题】【2020年单选题】【2021年单选题】【2022年单选题】

申请机关	企业注册所在地省、自治区、直辖市人民政府住房城乡建设主管部门

续表

提交材料	（1）建筑施工企业安全生产许可证申请表； （2）企业法人营业执照； （3）与申请安全生产许可证应当具备的安全生产条件相关的文件、材料
有效期	3年
延期申请	期满前3个月向原安全生产许可证颁发管理机关办理延期手续，未发生死亡事故，经原安全生产许可证颁发管理机关同意，不再审查，安全生产许可证有效期延期3年
变更	变更名称、地址、法定代表人等，应当在变更后10日内，到原安全生产许可证颁发管理机关办理安全生产许可证变更手续
注销	建筑施工企业破产、倒闭、撤销的，应当将安全生产许可证交回原安全生产许可证颁发管理机关予以注销
撤销	（1）安全生产许可证颁发管理机关工作人员滥用职权、玩忽职守颁发安全生产许可证的； （2）超越法定职权颁发安全生产许可证的； （3）违反法定程序颁发安全生产许可证的； （4）对不具有安全生产条件的建筑施工企业颁发安全生产许可证的； （5）依法可以撤销已颁发的安全生产许可证的其他情形
暂扣、吊销	（1）取得安全生产许可证的建筑施工企业，发生重大安全事故的，暂扣安全生产许可证并限期整改； （2）建筑施工企业不再具备安全生产条件的，暂扣安全生产许可证并限期整改；情节严重的，吊销安全生产许可证
补办	施工企业安全生产许可证遗失补办，由申请人告知资质许可机关，由资质许可机关在官网发布信息
与施工许可证的关系	住房城乡建设主管部门在审核发放施工许可证时，应当对已经确定的建筑施工企业是否有安全生产许可证进行审查，对没有取得安全生产许可证的，不得颁发施工许可证

上岸熊小贴士

	企业资质证书	安全生产许可证	建造师证书
有效期	5年	3年	3年
延期	期满3个月前	期满前3个月	期满前1个月内
变更	工商变更后1个月内	工商变更后10日内	签订新聘用合同后1个月内

熊熊总结

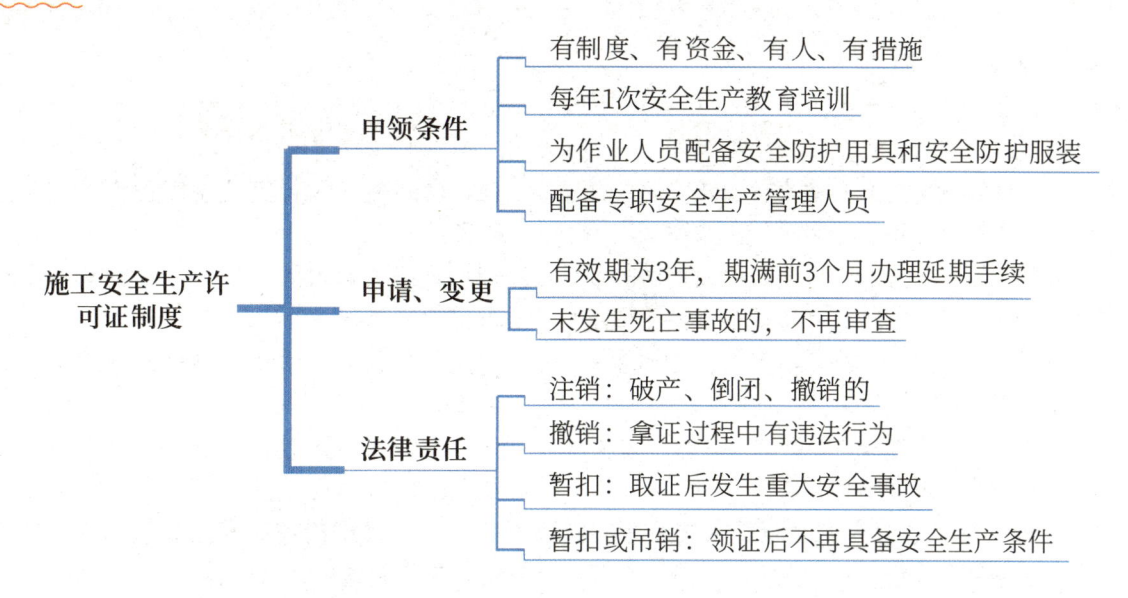

施工安全生产许可证制度
- 申领条件
  - 有制度、有资金、有人、有措施
  - 每年1次安全生产教育培训
  - 为作业人员配备安全防护用具和安全防护服装
  - 配备专职安全生产管理人员
- 申请、变更
  - 有效期为3年，期满前3个月办理延期手续
  - 未发生死亡事故的，不再审查
- 法律责任
  - 注销：破产、倒闭、撤销的
  - 撤销：拿证过程中有违法行为
  - 暂扣：取证后发生重大安全事故
  - 暂扣或吊销：领证后不再具备安全生产条件

第二节 施工安全生产责任和安全生产教育培训制度

考点一 施工单位主要负责人和项目负责人安全生产责任（★★）

施工单位主要负责人的职责	施工项目负责人的职责
（1）对本单位的安全生产工作全面负责； （2）建立健全并落实本单位全员安全生产责任制，加强安全生产标准化建设； （3）组织制定并实施本单位安全生产规章制度和操作规程； （4）组织制定并实施本单位安全生产教育和培训计划； （5）保证本单位安全生产投入的有效实施； （6）组织建立并落实安全风险分级管控和隐患排查治理双重预防工作机制，督促、检查本单位的安全生产工作，及时消除生产安全事故隐患； （7）组织制定并实施本单位的生产安全事故应急救援预案； （8）及时、如实报告生产安全事故	（1）对本项目的安全生产管理全面负责； （2）应当建立项目安全生产管理体系； （3）明确项目管理人员安全职责，落实安全生产管理制度、安全生产规章制度和操作规程； （4）确保项目安全生产费用有效使用； （5）监控危大工程，及时排查处理隐患，隐患排查处理情况应当记入项目安全管理档案； （6）发生事故，及时报告并开展现场救援； （7）实行总承包的，总承包企业项目负责人应当定期考核分包企业安全生产管理情况； （8）根据工程的特点组织制定安全施工措施

考点二 施工单位专职安全生产管理人员和项目专职安全管理人员安全生产责任（★★★）

【2020年多选题】

企业专职安全生产管理人员职责	项目专职安全生产管理人员的职责
（1）查阅在建项目安全生产有关资料、核实有关情况； （2）检查危险性较大工程安全专项施工方案落实情况； （3）监督项目专职安全生产管理人员履责情况； （4）监督作业人员安全防护用品的配备及使用情况； （5）对发现的安全生产违章违规行为或安全隐患，有权当场予以纠正或作出处理决定； （6）对不符合安全生产条件的设施、设备、器材，有权当场作出查封的处理决定； （7）**对施工现场存在的重大安全隐患有权越级报告或直接向建设主管部门报告；** （8）**企业明确的其他安全生产管理职责**	（1）负责施工现场安全生产日常检查并做好检查记录； （2）现场监督危险性较大工程安全专项施工方案实施情况； （3）对作业人员违规违章行为有权予以纠正或查处； （4）对施工现场存在的安全隐患有权责令立即整改； （5）**对于发现的重大安全隐患，有权向企业安全生产管理机构报告；** （6）依法报告生产安全事故情况

考点三 施工单位主要负责人和项目负责人现场带班制度（★★★）

【2018年单选题】

施工单位主要负责人的现场带班	施工项目负责人的现场带班
每月检查时间不少于其工作日的25%	每月带班生产时间不得少于本月施工时间的80%
超过一定规模的危大工程施工或出现险情、重大隐患时，施工单位负责人应当带班检查	项目经理是危大工程安全管控第一责任人，必须在危大工程施工期间现场带班
建筑施工企业负责人带班检查时，应认真做好检查记录，并分别在企业和工程项目存档备查	要认真做好带班生产记录并签字存档备查
有分公司的企业集团，集团负责人因故不能到现场，可书面委托工程所在地分公司负责人现场带班	因其他事务需离开施工现场时，应向工程项目的建设单位请假，经批准后方可离开

考点四 总分包安全责任（★★★）

【2020年单选题】【2022年单选题】

总承包单位	（1）施工现场安全由建筑施工企业负责。实行施工总承包的，由总承包单位负责； （2）总承包单位依法将建设工程分包给其他单位的，分包合同中应当明确各自的安全生产方面的权利、义务； （3）实行施工总承包的，由总承包单位统一组织编制建设工程生产安全事故应急救援预案； （4）实行施工总承包的建设工程，由总承包单位负责上报事故； （5）总承包单位和分包单位对分包工程的安全生产承担连带责任

续表

| 分包单位 | 分包单位应服从总承包单位的安全管理，分包单位不服从管理导致生产安全事故的，由分包单位承担主要责任 |

> **上岸熊小贴士**
>
> 分包单位向总承包单位负责，总承包单位向建设单位负责，分包单位和总承包单位就分包工程的安全向建设单位承担连带责任。

考点五 作业人员安全生产的权利和义务（★★）

作业人员的权利	作业人员的义务
（1）知情权和建议权； （2）施工安全防护用品的获得权； （3）批评、检举、控告权及拒绝违章指挥权； （4）紧急避险权； （5）获得工伤保险和意外伤害保险赔偿的权利； （6）请求民事赔偿权； （7）依靠工会维权和被派遣劳动者的权利	（1）守法遵章和正确使用安全防护用具的义务； （2）接受安全生产教育培训的义务； （3）安全事故隐患报告的义务，发现事故隐患或者其他不安全因素，应当立即向现场安全生产管理人员或者本单位负责人报告； （4）被派遣劳动者的义务

考点六 相关人员的安全教育培训（★★★）

【2021年多选题】

培训种类	相关规定
"安管人员"	（1）企业主要负责人、项目负责人和专职安全生产管理人员合称为"安管人员"； （2）"安管人员"应当通过其受聘企业，向企业工商注册地的省、自治区、直辖市人民政府住房城乡建设主管部门申请安全生产考核，取得安全生产考核合格证书； （3）安全生产考核合格证书有效期为3年，证书在全国范围内有效
特种作业人员	（1）建筑施工特种作业人员包括建筑电工、建筑架子工、建筑起重信号司索工、建筑起重机械司机、建筑起重机械安装拆卸工、高处作业吊篮安装拆卸工等； （2）特种作业人员必须按照国家有关规定经过专门的安全作业培训，并取得特种作业操作资格证书后，方可上岗作业
施工单位全员	施工单位应当对管理人员和作业人员每年至少进行1次安全生产教育培训
新岗位、新施工现场	作业人员进入新的岗位或者新的施工现场前，应当接受安全生产教育培训。未经教育培训或者教育培训考核不合格的人员，不得上岗作业

续表

培训种类	相关规定
采用新技术、新工艺、新材料，使用新设备	生产经营单位采用新工艺、新技术、新材料或者使用新设备，必须了解、掌握其安全技术特性，采取有效的安全防护措施，并对从业人员进行专门的安全生产教育和培训

熊熊总结

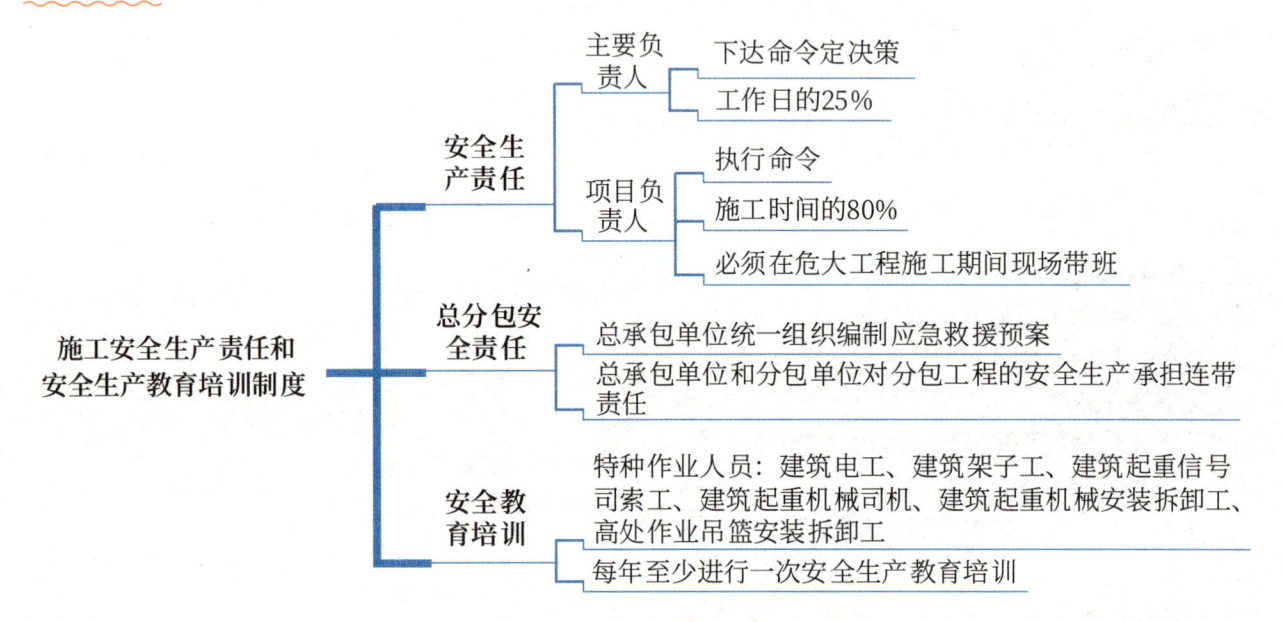

施工安全生产责任和安全生产教育培训制度
- 安全生产责任
  - 主要负责人
    - 下达命令定决策
    - 工作日的25%
  - 项目负责人
    - 执行命令
    - 施工时间的80%
    - 必须在危大工程施工期间现场带班
- 总分包安全责任
  - 总承包单位统一组织编制应急救援预案
  - 总承包单位和分包单位对分包工程的安全生产承担连带责任
- 安全教育培训
  - 特种作业人员：建筑电工、建筑架子工、建筑起重信号司索工、建筑起重机械司机、建筑起重机械安装拆卸工、高处作业吊篮安装拆卸工
  - 每年至少进行一次安全生产教育培训

第三节 施工现场安全防护制度

考点一 危大工程安全专项施工方案编制（★★★）

【2020年多选题】【2022年多选题】

需编制专项施工方案的危大工程	(1) 基坑支护与降水工程； (2) 土方开挖工程； (3) 模板工程； (4) 起重吊装工程； (5) 脚手架工程； (6) 拆除、爆破工程； (7) 国务院建设行政主管部门或者其他有关部门规定的其他危险性较大的工程

续表

组织专家论证的工程	（1）**深基坑、地下暗挖工程、高大模板**工程的专项施工方案，施工单位还应当组织专家进行论证、审查； （2）对于**超过一定规模的危大工程**，施工单位应当组织召开专家论证会对专项施工方案进行论证； （3）实行施工总承包的，**由施工总承包单位组织召开专家论证会**
安全专项施工方案的编制	（1）**施工单位应当在危大工程施工前组织工程技术人员编制专项施工方案。** （2）实行施工总承包的，专项施工方案应当由**施工总承包单位**组织编制。危大工程实行分包的，专项施工方案**可以由相关专业分包单位组织编制**
安全专项施工方案的审批	专项施工方案应当由**施工单位技术负责人**审核签字、加盖**单位公章**，并由**总监理工程师**审查签字、加盖**执业印章**后方可实施

考点二　危大工程安全专项施工方案的实施（★★）

【2020年单选题】

施工单位	（1）施工单位应当在施工现场显著位置公告危大工程名称、施工时间和具体责任人员，并在危险区域设置安全警示标志。 （2）施工单位应当对危大工程施工作业人员进行登记，项目负责人应当在施工现场履职。 （3）施工单位应当严格按照专项施工方案组织施工，不得擅自修改专项施工方案。因规划调整、设计变更等原因确需调整的，修改后的专项施工方案应当按照规定重新审核和论证
监理单位	监理单位应当结合危大工程专项施工方案编制**监理实施细则**，并对危大工程施工实施专项巡视检查
监测单位	需要进行第三方监测的危大工程，建设单位**应当委托具有相应勘察资质的单位进行监测**。监测单位应当编制监测方案
验收	需要验收的危大工程，**施工单位、监理单位**应当组织相关人员进行验收。验收合格的，经施工单位**项目技术负责人及总监理工程师**签字确认后，方可进入下一道工序

考点三　施工现场安全防范措施（★★★）

施工现场临时设施的安全要求	（1）施工单位应当将施工现场的**办公、生活区与作业区分开设置**，并保持安全距离。办公、生活区的选址应当符合安全性要求。 （2）**施工单位不得在尚未竣工的建筑物内设置员工集体宿舍。** （3）**施工现场临时搭建的建筑物应当符合安全使用要求。** （4）施工现场使用的装配式活动房屋应当具有**产品合格证**
危险作业的施工现场安全管理	（1）进行可能危及危险化学品管道安全的施工作业，**施工单位**应当在**开工的7日前**书面通知管道所属单位，并与管道所属单位共同制定应急预案，采取相应的安全防护措施； （2）**管道所属单位应当指派专门人员到现场进行管道安全保护指导**

续表

安全设备、机械设备、防护用具等的安全管理	施工单位采购、租赁的安全防护用具、机械设备、施工机具及配件，应当具有生产（制造）许可证、产品合格证，并在进入施工现场前进行查验

考点四　施工单位安全生产费用的提取和使用管理（★★★）

【2018年单选题】【2019年多选题】【2021年单选题】

安全费用提取标准	(1) 矿山工程为2.5%； (2) 房屋建筑工程、水利水电工程、电力工程、铁路工程、城市轨道交通工程为2.0%； (3) 市政公用工程、冶炼工程、机电安装工程、化工石油工程、港口与航道工程、公路工程、通信工程为1.5%； (4) 建设工程施工企业提取的安全费用列入工程造价，在竞标时，不得删减，列入标外管理； (5) 总包单位应当将安全费用按比例直接支付分包单位并监督使用，分包单位不再重复提取
安全费用使用范围	(1) 完善、改造和维护安全防护设施设备支出（不含"三同时"要求初期投入的安全设施）； (2) 配备、维护、保养应急救援器材、设备支出和应急演练支出； (3) 开展重大危险源和事故隐患评估、监控和整改支出； (4) 安全生产检查、评价（不包括新建、改建、扩建项目安全评价）、咨询和标准化建设支出； (5) 配备和更新现场作业人员安全防护用品支出； (6) 安全生产宣传、教育、培训支出； (7) 安全生产适用的新技术、新标准、新工艺、新装备的推广应用支出； (8) 安全设施及特种设备检测检验支出； (9) 其他与安全生产直接相关的支出

考点五　工伤认定（★★★）

认定为工伤	(1) 在工作时间和工作场所内，因工作原因受到事故伤害的； (2) 工作时间前后在工作场所内，从事与工作有关的预备性或者收尾性工作受到事故伤害的； (3) 在工作时间和工作场所内，因履行工作职责受到暴力等意外伤害的； (4) 患职业病的； (5) 因工外出期间，由于工作原因受到伤害或者发生事故下落不明的； (6) 在上下班途中，受到非本人主要责任的交通事故或者城市轨道交通、客运轮渡、火车事故伤害的
视同工伤	(1) 在工作时间和工作岗位，突发疾病死亡或者在48小时之内经抢救无效死亡的； (2) 在抢险救灾等维护国家利益、公共利益活动中受到伤害的； (3) 职工原在军队服役，因战、因公负伤致残，已取得革命伤残军人证，到用人单位后旧伤复发的

续表

不得认定为工伤或视同工伤	（1）故意犯罪的； （2）醉酒或者吸毒的； （3）自残或者自杀的

> **上岸熊小贴士**
>
> 认定或视同工伤的条件：工作时间、工作时间前后、工作场所、工作原因、非本人主要责任。出于个人原因的不得认定或视同工伤。

考点六 工伤保险索赔（★★★）

【2018年单选题】【2022年单选题】

承担工伤保险责任的单位	（1）职工与两个或两个以上单位建立劳动关系，工伤事故发生时，职工为之工作的单位为承担工伤保险责任的单位； （2）劳务派遣单位派遣的职工在用工单位工作期间因工伤亡的，派遣单位为承担工伤保险责任的单位； （3）单位指派到其他单位工作的职工因工伤亡的，指派单位为承担工伤保险责任的单位； （4）用工单位违反法律、法规规定将承包业务转包给不具备用工主体资格的组织或者自然人，该组织或者自然人聘用的职工从事承包业务时因工伤亡的，用工单位为承担工伤保险责任的单位； （5）个人挂靠其他单位对外经营，其聘用的人员因工伤亡的，被挂靠单位为承担工伤保险责任的单位
停工留薪	职工因工作遭受事故伤害或者患职业病需要暂停工作接受工伤医疗的，在停工留薪期内，原工资福利待遇不变，由所在单位按月支付。停工留薪期一般不超过12个月。伤情严重或者情况特殊，经设区的市级劳动能力鉴定委员会确认，可以适当延长，但延长不得超过12个月

考点七 意外伤害保险规定（★★★）

【2018年多选题】【2019年单选题】

（1）意外伤害保险费由施工单位支付。实行施工总承包的，由总承包单位支付意外伤害保险费。

（2）意外伤害保险期限自建设工程开工之日起至竣工验收合格止。提前竣工的，保险责任自行终止。因延长工期的，应当办理保险顺延手续。

（3）保险费应当列入建筑安装工程费用。保险费由施工企业支付，施工企业不得向职工摊派。

（4）施工企业应在工程项目开工前，办理完投保手续。鉴于工程建设项目施工工艺流程中各工种调动频繁、用工流动性大，投保应实行不记名和不计人数的方式。

（5）已在企业所在地参加工伤保险的人员，从事现场施工时仍可以参加建筑意外伤害保险。

（6）各地建设行政主管部门要结合本地区实际情况，确定合理的最低保险金额。最低保险金额要能够保障施工伤亡人员得到有效的经济补偿。施工企业办理建筑意外伤害保险时，投保的保险金额不得低于此标准。

熊熊总结

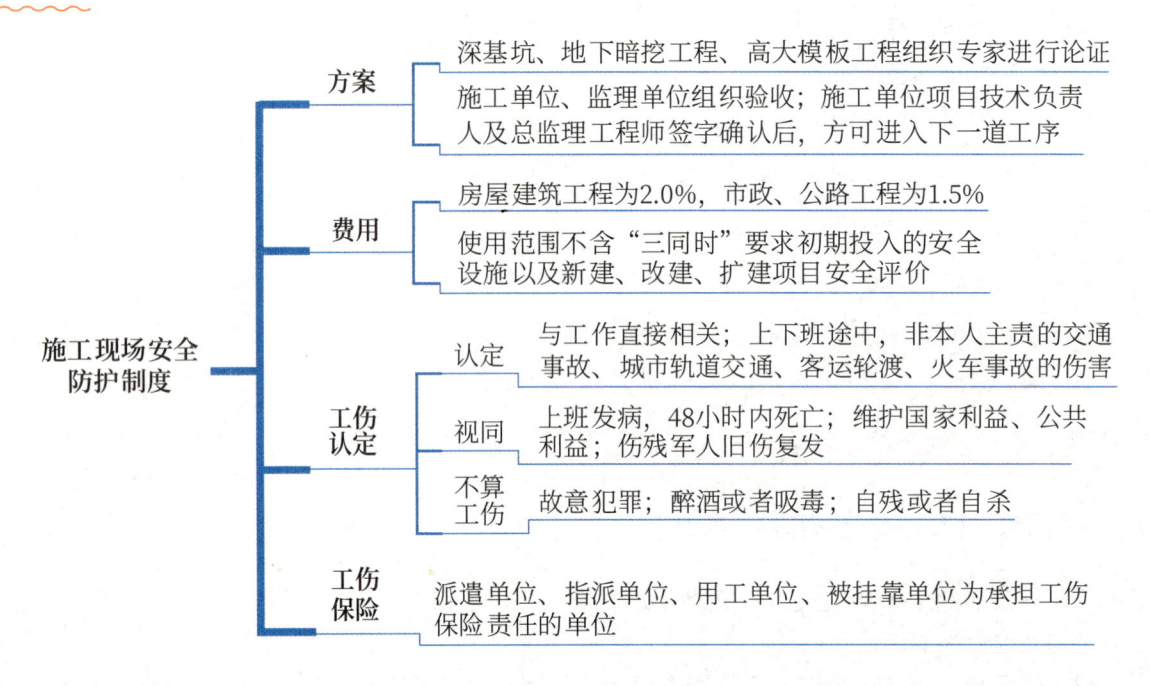

施工现场安全防护制度
- **方案**
  - 深基坑、地下暗挖工程、高大模板工程组织专家进行论证
  - 施工单位、监理单位组织验收；施工单位项目技术负责人及总监理工程师签字确认后，方可进入下一道工序
- **费用**
  - 房屋建筑工程为2.0%，市政、公路工程为1.5%
  - 使用范围不含"三同时"要求初期投入的安全设施以及新建、改建、扩建项目安全评价
- **工伤认定**
  - 认定：与工作直接相关；上下班途中，非本人主责的交通事故、城市轨道交通、客运轮渡、火车事故的伤害
  - 视同：上班发病，48小时内死亡；维护国家利益、公共利益；伤残军人旧伤复发
  - 不算工伤：故意犯罪；醉酒或者吸毒；自残或者自杀
- **工伤保险**
  - 派遣单位、指派单位、用工单位、被挂靠单位为承担工伤保险责任的单位

第四节 施工安全事故的应急救援与调查处理

考点一 安全事故等级划分（★★★）

【2021年单选题】【2022年单选题】

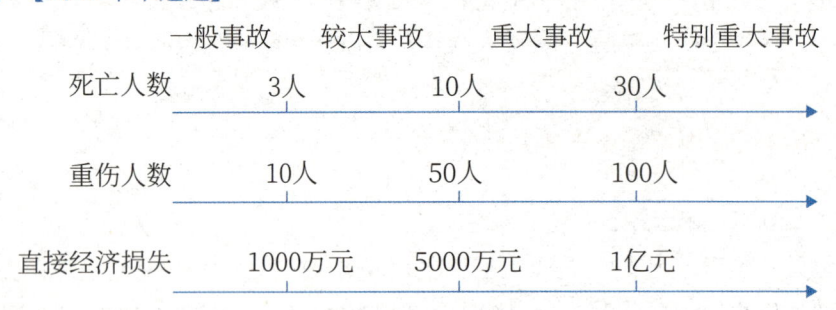

	一般事故	较大事故	重大事故	特别重大事故
死亡人数	3人	10人	30人
重伤人数	10人	50人	100人
直接经济损失	1000万元	5000万元	1亿元

> **上岸熊小贴士**
>
> 事故等级划分的因素有三个：一是社会影响程度，二是直接经济损失，三是人员伤亡数量。可记作："死亡313""重伤151""直接经济损失151"。从重原则，区间包含下限（≥）。

考点二 应急预案的分类（★★★）

【2020年单选题】【2020年多选题】

综合应急预案	应急组织机构及其职责、应急预案体系、事故风险描述、预警及信息报告、应急响应、保障措施、应急预案管理等内容
专项应急预案	应急指挥机构与职责、处置程序和措施等内容
现场处置方案	应急工作职责、应急处置措施和注意事项等内容

考点三 应急预案的修订（★★★）

【2018年多选题】【2021年多选题】

有下列情形之一的，生产安全事故应急救援预案制定单位应当及时修订相关预案：
(1) 制定预案所依据的法律、法规、规章、标准发生重大变化；
(2) 应急指挥机构及其职责发生调整；
(3) 安全生产面临的风险发生重大变化；
(4) 重要应急资源发生重大变化；
(5) 在预案演练或者应急救援中发现需要修订预案的重大问题；
(6) 其他应当修订的情形。

建筑施工单位应当至少每半年组织1次生产安全事故应急救援预案演练，并将演练情况报送所在地县级以上地方人民政府负有安全生产监督管理职责的部门。

考点四 生产安全事故时间要求（★★★）

【2019年单选题】

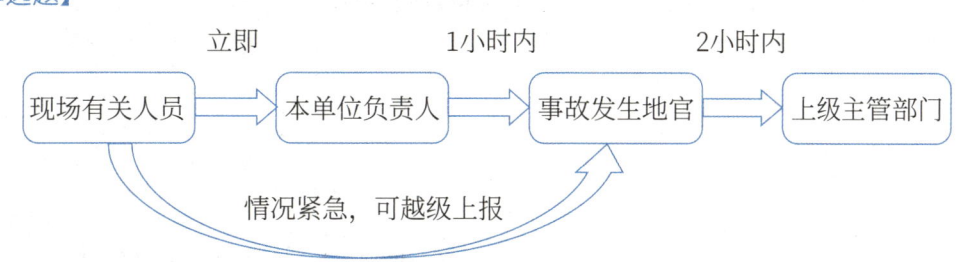

现场有关人员 —立即→ 本单位负责人 —1小时内→ 事故发生地官 —2小时内→ 上级主管部门

情况紧急，可越级上报

> **上岸熊小贴士**
>
> 民报民立即，民报官1小时，官报官2小时。

考点五　事故报告内容和调查报告内容（★★★）

【2022年多选题】

事故报告内容	事故调查报告内容
事故发生单位概况	事故发生单位概况
事故发生的时间、地点以及事故现场情况	事故发生经过和事故救援情况
事故的简要经过	事故造成的人员伤亡和直接经济损失
事故已经造成或者可能造成的伤亡人数（包括下落不明的人数）和初步估计的直接经济损失	事故发生的原因和事故性质
已经采取的措施	事故责任的认定以及对事故责任者的处理建议
其他应当报告的情况	事故防范和整改措施

考点六　事故补报（★★★）

【2018年单选题】【2019年多选题】

（1）事故报告后出现新情况的，应当及时补报；

（2）自事故发生之日起30日内，事故造成的伤亡人数发生变化的，应当及时补报；

（3）道路交通事故、火灾事故自发生之日起7日内，事故造成的伤亡人数发生变化的，应当及时补报。

考点七　事故现场移动应满足的条件（★★）

【2019年单选题】

（1）抢救人员、防止事故扩大以及疏通交通的需要；

（2）经事故单位负责人或者组织事故调查的安全生产监督管理部门和负有安全生产监督管理职责的有关部门同意；

（3）**做出标志，绘制现场简图，拍摄现场照片，对被移动物件贴上标签**，并做出书面记录；

（4）尽量使现场少受破坏。

考点八　生产安全事故的调查（★★★）

【2022年单选题】

事故等级	调查机关	调查组组成	调查期限	批复
特别重大事故	国务院或者国务院授权有关部门	有关人民政府、安全生产监督管理部门、负有安全生产监督管理职责的有关部门、监察机关、公安机关以及工会派人组成，并应当邀请人民检察院派人参加。事故调查组可以聘请有关专家参与调查	自事故发生之日起60日内提交事故调查报告	收到调查报告30日内
重大事故	省级人民政府			收到调查报告15日内
较大事故	设区的市级人民政府			
一般事故	县级人民政府			

熊熊总结

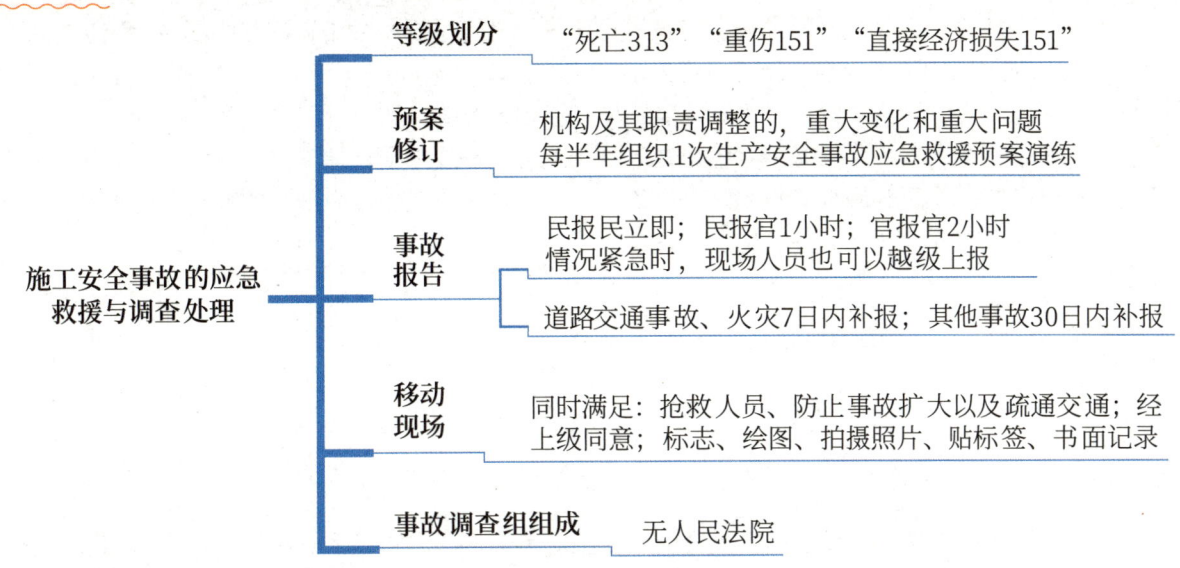

施工安全事故的应急救援与调查处理
- 等级划分：" 死亡313 " " 重伤151 " " 直接经济损失151 "
- 预案修订：机构及其职责调整的，重大变化和重大问题 每半年组织1次生产安全事故应急救援预案演练
- 事故报告：民报民立即；民报官1小时；官报官2小时 情况紧急时，现场人员也可以越级上报 道路交通事故、火灾7日内补报；其他事故30日内补报
- 移动现场：同时满足：抢救人员、防止事故扩大以及疏通交通；经上级同意；标志、绘图、拍摄照片、贴标签、书面记录
- 事故调查组组成：无人民法院

第五节 建设单位和相关单位的建设工程安全责任制度

考点一 建设单位、勘察单位、设计单位、监理单位的安全责任（★★★★）

【2019年单选题】【2019年多选题】【2020年多选题】

建设单位的安全责任	(1) 依法办理有关批准手续； (2) 向施工单位提供真实、准确和完整的有关资料； (3) 不得提出违法要求和随意压缩合同工期； (4) 确定建设工程安全作业环境及安全施工措施所需费用； (5) 不得要求购买、租赁和使用不符合安全施工要求的用具设备等； (6) 申请施工许可证应当提供有关安全施工措施的资料； (7) 依法进行装修和拆除工程
勘察单位的安全责任	(1) 应当按照法律、法规和工程建设强制性标准进行勘察； (2) 勘察文件应当真实、准确，满足建设工程安全生产的需要； (3) 应当严格执行操作规程，采取措施保证各类管线、设施和周边建筑物、构筑物的安全
设计单位的安全责任	(1) 按照法律、法规和工程建设强制性标准进行设计； (2) 提出防范生产安全事故的指导意见和措施建议； 设计交底：在施工单位作业前，设计单位还应当就设计意图、设计文件向施工单位作出说明和技术交底，并对防范生产安全事故提出指导意见； (3) 对设计成果承担责任

监理单位的安全责任	（1）对安全技术措施或专项施工方案进行审查（审查是否符合工程建设强制性标准）。 （2）依法对施工安全事故隐患进行处理： ①发现存在安全隐患的，应当要求施工单位整改； ②情况严重的，应当要求施工单位暂时停止施工，并及时报告建设单位； ③施工单位拒不整改或者不停止施工的，工程监理单位应当及时向有关主管部门报告。 （3）承担建设工程安全生产的监理责任

考点二 机械设备单位的安全责任（★★★★★）

【2018年多选题】【2019年单选题】【2020年单选题】【2021年多选题】【2022年单选题】【2022年多选题】

出租单位的安全责任	（1）出租的机械设备和施工机具及配件，应当具有生产（制造）许可证、产品合格证。出租单位应当对出租的机械设备和施工机具及配件的安全性能进行检测，在签订租赁协议时，应当出具检测合格证明。 （2）有下列情形之一的建筑起重机械，不得出租、使用： ①属国家明令淘汰或者禁止使用的； ②超过安全技术标准或者制造厂家规定的使用年限的； ③经检验达不到安全技术标准规定的； ④没有完整安全技术档案的； ⑤没有齐全有效的安全保护装置的。 建筑超重机械有①~③项情形之一的应当予以报废，并向原备案机关办理注销手续
安装、拆卸单位的安全责任	（1）安装、拆卸施工起重机械和整体提升脚手架、模板等自升式架设设施，应当编制拆装方案、制定安全施工措施，并由专业技术人员现场监督。 （2）安装单位应当履行下列安全职责： ①按照安全技术标准及建筑起重机械性能要求，编制建筑起重机械安装、拆卸工程专项施工方案，并由本单位技术负责人签字； ②按照安全技术标准及安装使用说明书等检查建筑起重机械及现场施工条件； ③组织安全施工技术交底并签字确认； ④制定建筑起重机械安装、拆卸工程生产安全事故应急救援预案； ⑤将建筑起重机械安装、拆卸工程专项施工方案，安装、拆卸人员名单，安装、拆卸时间等材料报施工总承包单位和监理单位审核后，告知工程所在地县级以上地方人民政府建设主管部门。 （3）施工起重机械和整体提升脚手架、模板等自升式架设设施安装完毕后，安装单位应当自检，出具自检合格证明，并向施工单位进行安全使用说明。 （4）建筑起重机械安装完毕后，使用单位应当组织出租、安装、监理等有关单位进行验收，或者委托具有相应资质的检验检测机构进行验收。建筑起重机械经验收合格后方可投入使用，未经验收或者验收不合格的不得使用。实行施工总承包的，由施工总承包单位组织验收

考点三 政府部门监督规定（★★★）

【2019年单选题】【2020年单选题】

《中华人民共和国安全生产法》	(1) 安全生产监督检查人员执行监督检查任务时，必须出示有效的行政执法证件。对涉及被检查单位的技术秘密和业务秘密，应当为其保密。 (2) 负有安全生产监督管理职责的部门在监督检查中，应当互相配合，实行联合检查。确需分别进行检查的，应当互通情况，发现存在的安全问题应当由其他有关部门进行处理的，应当及时移送其他有关部门并形成记录备查，接受移送的部门应当及时进行处理
《建设工程安全生产管理条例》	县级以上人民政府负有建设工程安全生产监督管理职责的部门在各自的职责范围内履行安全监督检查职责时，有权采取下列措施： (1) 要求被检查单位提供有关建设工程安全生产的文件和资料。 (2) 进入被检查单位施工现场进行检查。 (3) 纠正施工中违反安全生产要求的行为。 (4) 对检查中发现的安全事故隐患，责令立即排除；重大安全事故隐患排除前或者排除过程中无法保证安全的，责令从危险区域内撤出作业人员或者暂时停止施工
《特种设备安全法》	负责特种设备安全监督管理的部门在依法履行监督检查职责时，可以行使下列职权： (1) 进入现场进行检查，向特种设备生产、经营、使用单位和检验、检测机构的主要负责人和其他有关人员调查、了解有关情况； (2) 根据举报或者取得的涉嫌违法证据，查阅、复制特种设备生产、经营、使用单位和检验、检测机构的有关合同、发票、账簿以及其他有关资料； (3) 对有证据表明不符合安全技术规范要求或者存在严重事故隐患的特种设备实施查封、扣押； (4) 对流入市场的达到报废条件或者已经报废的特种设备实施查封、扣押； (5) 对违反本法规定的行为作出行政处罚决定

熊熊总结

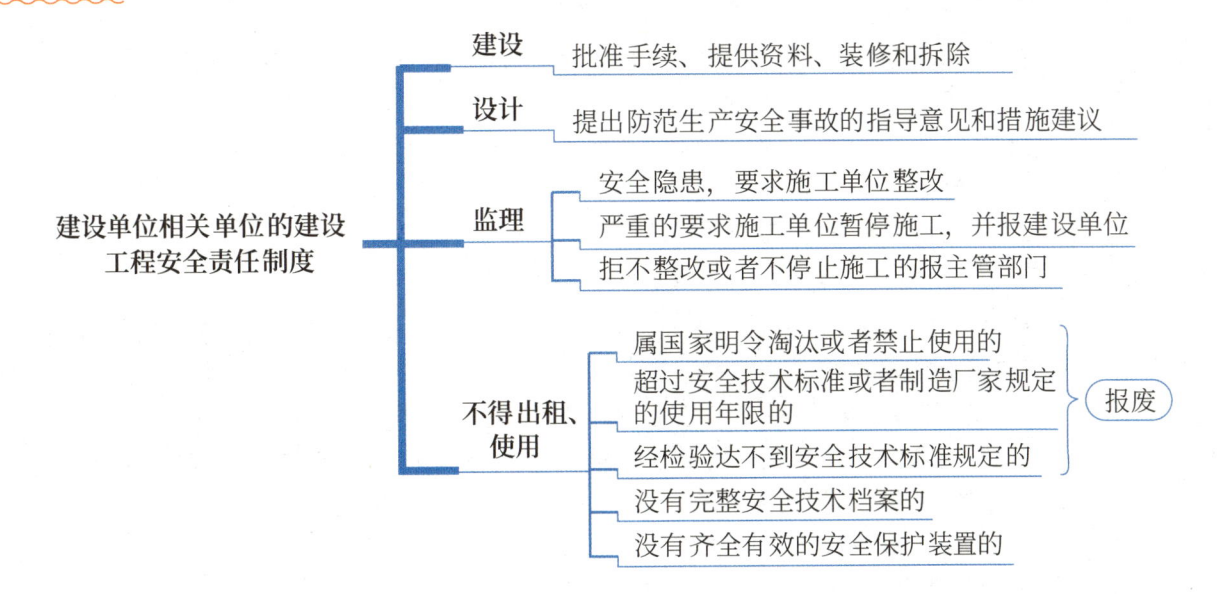

建设单位相关单位的建设工程安全责任制度
- 建设：批准手续、提供资料、装修和拆除
- 设计：提出防范生产安全事故的指导意见和措施建议
- 监理：
  - 安全隐患，要求施工单位整改
  - 严重的要求施工单位暂停施工，并报建设单位
  - 拒不整改或者不停止施工的报主管部门
- 不得出租、使用：
  - 属国家明令淘汰或者禁止使用的 ┐
  - 超过安全技术标准或者制造厂家规定的使用年限的 ├ 报废
  - 经检验达不到安全技术标准规定的 ┘
  - 没有完整安全技术档案的
  - 没有齐全有效的安全保护装置的

第七章 建设工程质量法律制度

第一节 工程建设标准

考点一 工程建设标准的分类（★★）

【2018年多选题】

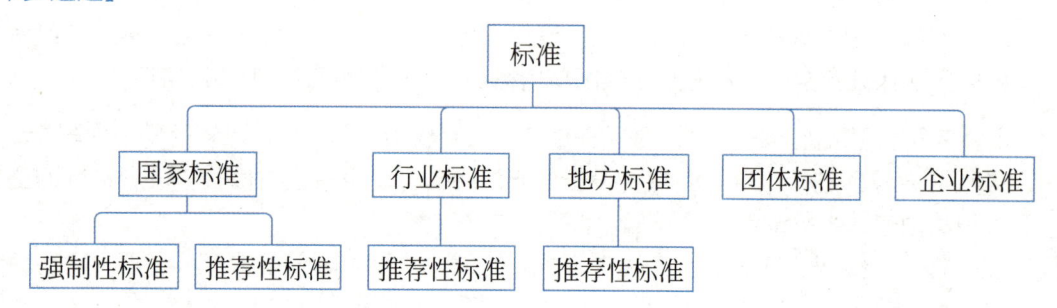

```
                        标准
         ┌──────────┬──────────┼──────────┬──────────┐
      国家标准    行业标准    地方标准   团体标准   企业标准
      ┌──┴──┐       │          │
   强制性  推荐性   推荐性     推荐性
   标准    标准     标准        标准
```

强制性国家标准的技术要求应当全部强制，并且可验证、可操作。国家鼓励采用推荐性标准。

考点二 工程建设国家标准（★★★★★）

【2020年单选题】【2020年多选题】【2021年单选题】【2022年单选题】【2022年多选题】

强制性国家标准范围	对保障人身健康和生命财产安全、国家安全、生态环境安全以及满足经济社会管理基本需要的技术要求，应当制定强制性国家标准
对需要在全国范围内统一的技术要求应当制定国家标准	（1）工程建设勘察、规划、设计、施工（包括安装）及验收等通用的质量要求； （2）工程建设通用的有关安全、卫生和环境保护的技术要求； （3）工程建设通用的术语、符号、代号、量与单位、建筑模数和制图方法； （4）工程建设通用的试验、检验和评定等方法； （5）工程建设通用的信息技术要求； （6）国家需要控制的其他工程建设通用的技术要求
强制性标准	（1）工程建设勘察、规划、设计、施工（包括安装）及验收等通用的综合标准和重要的通用的质量标准； （2）工程建设通用的有关安全、卫生和环境保护的标准； （3）工程建设重要的通用的术语、符号、代号、量与单位、建筑模数和制图方法标准； （4）工程建设重要的通用的试验、检验和评定方法等标准； （5）工程建设重要的通用的信息技术标准； （6）国家需要控制的其他工程建设通用的标准

续表

工程建设国家标准的制定	《中华人民共和国标准化法》规定，国务院有关行政主管部门依据职责负责强制性国家标准的项目提出、组织起草、征求意见和技术审查； 国务院标准化行政主管部门负责强制性国家标准的立项、编号和对外通报
工程建设国家标准的审批发布	（1）强制性国家标准由国务院批准发布或者授权批准发布。强制性标准文本应当免费向社会公开。国家推动免费向社会公开推荐性标准文本。 （2）国务院标准化行政主管部门应当自发布之日起20日内在全国标准信息公共服务平台上免费公开强制性国家标准文本。强制性国家标准的解释与标准具有同等效力
国家标准的复审	（1）国务院标准化行政主管部门应当通过全国标准信息公共服务平台接收社会各方对强制性国家标准实施情况的意见建议，并及时反馈组织起草部门； （2）组织起草部门应当根据反馈和评估情况，对强制性国家标准进行复审，提出继续有效、修订或者废止的结论，并送国务院标准化行政主管部门； （3）复审周期一般不得超过5年

考点三 工程建设行业标准（★★）

制定主体	行业标准由国务院有关行政主管部门制定，报国务院标准化行政主管部门备案
行业标准	（1）工程建设勘察、规划、设计、施工（包括安装）及验收等行业专用的质量要求； （2）工程建设行业专用的有关安全、卫生和环境保护的技术要求； （3）工程建设行业专用的术语、符号、代号、量与单位和制图方法； （4）工程建设行业专用的试验、检验和评定等方法； （5）工程建设行业专用的信息技术要求； （6）其他工程建设行业专用的技术要求
与国家标准的关系	（1）行业标准不得与国家标准相抵触； （2）行业标准的某些规定与国家标准不一致时，必须有充分的科学依据和理由，并经国家标准的审批部门批准； （3）行业标准在相应的国家标准实施后，应当及时修订或废止
复审	一般也是5年复审1次

考点四 工程建设地方标准、团体标准、企业标准（★★★★★）

【2018年单选题】【2018年多选题】【2019年多选题】【2019年单选题】【2020年单选题】【2021年单选题】

地方标准	为满足地方自然条件、风俗习惯等特殊技术要求，可以制定地方标准

续表

| 团体标准、企业标准 | (1) 国家鼓励学会、协会、商会、联合会、产业技术联盟等社会团体协调相关市场主体共同制定满足市场和创新需要的团体标准，由本团体成员约定采用或者按照本团体的规定供社会自愿采用；
(2) 国家支持在重要行业、战略性新兴产业、关键共性技术等领域利用自主创新技术制定团体标准、企业标准；
(3) 团体标准应当符合相关法律法规的要求，不得与国家有关产业政策相抵触。团体标准的技术要求不得低于强制性标准的相关技术要求；
(4) 国家鼓励社会团体制定高于推荐性标准相关技术要求的团体标准；鼓励制定具有国际领先水平的团体标准；
(5) 推荐性国家标准、行业标准、地方标准、团体标准、企业标准的技术要求不得低于强制性国家标准的相关技术要求。国家鼓励社会团体、企业制定高于推荐性标准相关技术要求的团体标准、企业标准；
(6) 国家实行团体标准、企业标准自我声明公开和监督制度。企业应当公开其执行的强制性标准、推荐性标准、团体标准或者企业标准的编号和名称；企业执行自行制定的企业标准的，还应当公开产品、服务的功能指标和产品的性能指标。国家鼓励团体标准、企业标准通过标准信息公共服务平台向社会公开 |

考点五 对工程建设强制性标准的监督检查（★★★）

【2019年多选题】

监督管理机构及其职责	(1) 国务院住房城乡建设主管部门负责全国实施工程建设强制性标准的监督管理工作； (2) 建设项目规划审查机关应当对工程建设规划阶段执行强制性标准的情况实施监督； (3) 施工图设计文件审查单位应当对工程建设勘察、设计阶段执行强制性标准的情况实施监督； (4) 建筑安全监督管理机构应当对工程建设施工阶段执行施工安全强制性标准的情况实施监督； (5) 工程质量监督机构应当对工程建设施工、监理、验收等阶段执行强制性标准的情况实施监督； (6) 建设项目规划审查机关、施工图设计文件审查单位、建筑安全监督管理机构、工程质量监督机构的技术人员必须熟悉、掌握工程建设强制性标准
强制性标准监督检查的内容	(1) 有关工程技术人员是否熟悉、掌握强制性标准； (2) 工程项目的规划、勘察、设计、施工、验收等是否符合强制性标准的规定； (3) 工程项目采用的材料、设备是否符合强制性标准的规定； (4) 工程项目的安全、质量是否符合强制性标准的规定； (5) 工程中采用的导则、指南、手册、计算机软件的内容是否符合强制性标准的规定
强制性标准监督检查的方式	(1) 工程建设标准批准部门应当对工程项目执行强制性标准情况进行监督检查； (2) 监督检查可以采取重点检查、抽查和专项检查的方式

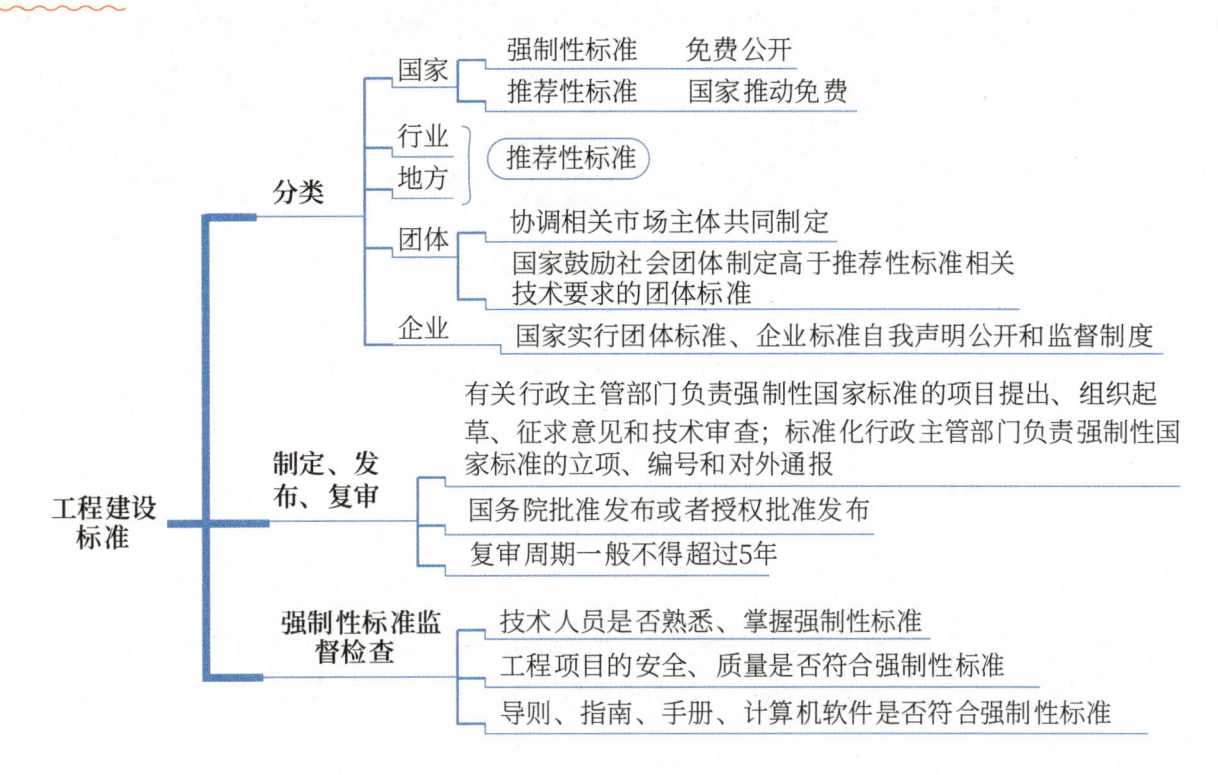

熊熊总结

工程建设标准
- 分类
  - 国家
    - 强制性标准　免费公开
    - 推荐性标准　国家推动免费
  - 行业／地方：推荐性标准
  - 团体
    - 协调相关市场主体共同制定
    - 国家鼓励社会团体制定高于推荐性标准相关技术要求的团体标准
  - 企业：国家实行团体标准、企业标准自我声明公开和监督制度
- 制定、发布、复审
  - 有关行政主管部门负责强制性国家标准的项目提出、组织起草、征求意见和技术审查；标准化行政主管部门负责强制性国家标准的立项、编号和对外通报
  - 国务院批准发布或者授权批准发布
  - 复审周期一般不得超过5年
- 强制性标准监督检查
  - 技术人员是否熟悉、掌握强制性标准
  - 工程项目的安全、质量是否符合强制性标准
  - 导则、指南、手册、计算机软件是否符合强制性标准

第二节　施工单位的质量责任和义务

考点一　对施工质量负责和总分包单位的质量责任（★★★★★）

【2018年单选题】【2019年多选题】【2020年单选题】【2020年多选题】【2021年单选题】【2021年多选题】

施工单位对施工质量负责	(1) 施工单位对建设工程的施工质量负责； (2) 施工单位应当建立质量责任制，确定工程项目的项目经理、技术负责人和施工管理负责人； (3) 对施工质量负责是施工单位法定的质量责任。 各地要结合实际和群众反映的突出问题，在执行工程建设标准规范基础上，参照以下内容明确本地保障性住房工程质量常见问题防治的底线要求，制定便于监督检查的技术要点。①室外迎水面防水；②室内房间不渗漏；③室内隔声防噪；④室内空气健康；⑤室内建筑面层平整无开裂；⑥固定家具安装牢固美观；⑦设备管线设置合理；⑧围护系统防坠落
总分包单位的质量责任	(1) 建设工程实行总承包的，总承包单位应当对全部建设工程质量负责。 (2) 总承包单位将建筑工程分包给其他单位的，应当对分包工程的质量与分包单位承担连带责任。当分包工程发生质量问题时，建设单位或其他受害人既可以向分包单位请求赔偿，也可以向总承包单位请求赔偿。进行赔偿的一方，有权依据分包合同的约定，对不属于自己责任的那部分赔偿向对方追偿。 (3) 分包单位应当接受总承包单位的质量管理

> **上岸熊小贴士**
>
> 分包单位向总承包单位负责，总承包单位向建设单位负责，分包单位和总承包单位就分包工程质量向建设单位承担连带责任。

考点二　按照工程设计图纸和施工技术标准施工的规定（★★★）

【2019年单选题】

按图施工遵守标准	（1）施工单位必须按照工程设计图纸和施工技术标准施工，不得擅自修改工程设计，不得偷工减料； （2）从法律的层面来看，工程设计图纸和施工技术标准都属于工程合同文件的组成部分，如果施工单位不按照工程设计图纸和施工技术标准施工，则属于违约行为，应该对建设单位承担违约责任
防止设计文件和图纸出现差错	施工单位在施工过程中发现设计文件和图纸有差错的，有义务及时向建设单位或监理单位提出意见和建议，以免造成不必要的损失和质量问题

> **上岸熊小贴士**
>
> 图纸错误，只能提出意见和建议，不能擅自修改。

考点三　见证取样和送检（★★★★）

【2019年单选题】【2020年多选题】【2022年单选题】

检验依据	施工单位必须按照工程设计要求、施工技术标准和合同约定，对建筑材料、建筑构配件、设备和商品混凝土进行检验，检验应当有书面记录和专人签字；未经检验或者检验不合格的，不得使用
见证人员要求	见证人员应由建设单位或该工程的监理单位中具备建筑施工试验知识的专业技术人员担任，并由建设单位或该工程的监理单位书面通知施工单位、检测单位和负责该项工程的质量监督机构
见证取样和送检的比例	涉及结构安全的试块、试件和材料见证取样和送检的比例，不得低于有关技术标准中规定应取样数量的30%

续表

必须实施见证取样和送检的试块、试件和材料	(1) 用于承重结构的混凝土试块； (2) 用于承重墙体的砌筑砂浆试块； (3) 用于承重结构的钢筋及连接接头试件； (4) 用于承重墙的砖和混凝土小型砌块； (5) 用于拌制混凝土和砌筑砂浆的水泥； (6) 用于承重结构的混凝土中使用的掺加剂； (7) 地下、屋面、厕浴间使用的防水材料
见证取样送检	(1) 在施工过程中，见证人员应按照见证取样和送检计划，对施工现场的取样和送检进行见证。 (2) 取样人员应在试样或其包装上作出标识、封志。标识和封志应标明工程名称、取样部位、取样日期、样品名称和样品数量，并由见证人员和取样人员签字。 (3) 见证人员和取样人员应对试样的代表性和真实性负责

> **上岸熊小贴士**
>
> 记住三个关键词：承重、水泥、防水。水泥是用于拌制混凝土和砌筑砂浆的水泥；防水是地下、屋面、厕浴间使用的防水材料；其他的就看带不带"承重"两个字。

考点四 工程质量检测单位的资质和检测规定（★★★★）

【2018年多选题】【2020年单选题】【2021年多选题】

检测单位的资质	(1) 工程质量检测机构是具有独立法人资格的中介机构。 (2) 按照其承担的检测业务内容分为专项检测机构资质和见证取样检测机构资质。 (3) 质量检测业务由工程项目建设单位委托具有相应资质的检测机构进行检测。委托方与被委托方应当签订书面合同
检测规定	(1) 检测报告经检测人员签字、检测机构法定代表人或者其授权的签字人签署，并加盖检测机构公章或者检测专用章后方可生效； (2) 检测报告经建设单位或者工程监理单位确认后，由施工单位归档； (3) 检测结果利害关系人对检测结果发生争议的，由双方共同认可的检测机构复检，复检结果由提出复检方报当地建设主管部门备案国； (4) 检测机构应当将检测过程中发现的建设单位、监理单位、施工单位违反有关法律、法规和工程建设强制性标准的情况，以及涉及结构安全检测结果的不合格情况，及时报告工程所在地建设主管部门； (5) 检测机构应当建立档案管理制度，并应当单独建立检测结果不合格项目台账； (6) 检测人员不得同时受聘于两个或者两个以上的检测机构； (7) 检测机构和检测人员不得推荐或者监制建筑材料、构配件和设备； (8) 检测机构不得与行政机关，法律、法规授权的具有管理公共事务职能的组织以及所检测工程项目相关的设计单位、施工单位、监理单位有隶属关系或者其他利害关系； (9) 检测机构不得转包检测业务； (10) 检测机构应当对其检测数据和检测报告的真实性和准确性负责

考点五 施工质量检验和返修的规定（★★★）

【2018年单选题】

（1）隐蔽工程在隐蔽前，施工单位应当通知建设单位和建设工程质量监督机构；

（2）施工单位对施工中出现质量问题的建设工程或者竣工验收不合格的建设工程，应当负责返修；

（3）因施工人的原因致使建设工程质量不符合约定的，发包人有权要求施工人在合理期限内无偿修理或者返工、改建；

（4）对于非施工单位原因造成的质量问题，施工单位也应当负责返修，但是因此而造成的损失及返修费用由责任方负责。

> **上岸熊小贴士**
>
> 返修是施工单位法定义务，费用由责任方负责。

熊熊总结

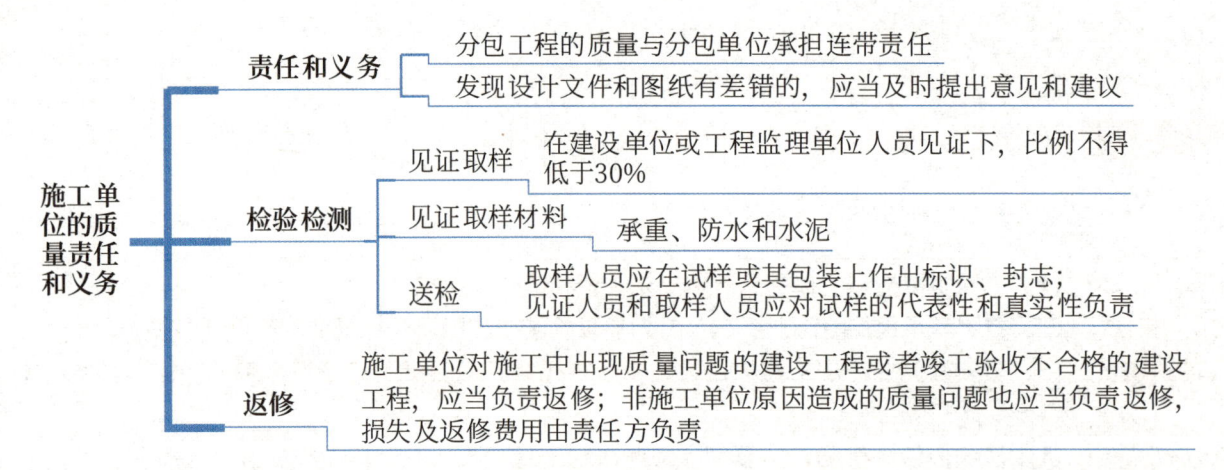

施工单位的质量责任和义务
- 责任和义务
  - 分包工程的质量与分包单位承担连带责任
  - 发现设计文件和图纸有差错的，应当及时提出意见和建议
- 检验检测
  - 见证取样：在建设单位或工程监理单位人员见证下，比例不得低于30%
  - 见证取样材料：承重、防水和水泥
  - 送检：取样人员应在试样或其包装上作出标识、封志；见证人员和取样人员应对试样的代表性和真实性负责
- 返修：施工单位对施工中出现质量问题的建设工程或者竣工验收不合格的建设工程，应当负责返修；非施工单位原因造成的质量问题也应当负责返修，损失及返修费用由责任方负责

第三节　建设单位及相关单位的质量责任和义务

考点一 建设单位相关的质量责任和义务（★★★★★）

【2019年多选题】【2021年单选题】【2021年多选题】【2022年多选题】

依法发包工程	（1）建设单位应当将工程发包给具有相应资质等级的单位； （2）建设单位不得将建设工程肢解发包； （3）建设单位应当依法对工程建设项目的勘察、设计、施工、监理以及与工程建设有关的重要设备、材料等的采购进行招标

续表

依法向有关单位提供原始资料	建设单位必须向有关的勘察、设计、施工、工程监理等单位提供与建设工程有关的原始资料。原始资料必须真实、准确、齐全
限制不合理的干预行为	(1) 建设单位不得以任何理由，要求建筑设计单位或者建筑施工企业在工程设计或者施工作业中，违反法律、行政法规和建筑工程质量、安全标准，降低工程质量； (2) 建设工程发包单位，不得迫使承包方以低于成本的价格竞标，不得任意压缩合理工期； (3) 建设单位不得明示或者暗示设计单位或者施工单位违反工程建设强制性标准，降低建设工程质量
依法报审施工图设计文件	施工图设计文件未经审查批准的，不得使用
依法实行工程监理	(1) 实行监理的建设工程，建设单位应当委托具有相应资质等级的工程监理单位进行监理，也可以委托具有工程监理相应资质等级并与被监理工程的施工承包单位没有隶属关系或者其他利害关系的该工程的设计单位进行监理。 (2) 下列建设工程必须实行监理：①国家重点建设工程；②大中型公用事业工程；③成片开发建设的住宅小区工程；④利用外国政府或者国际组织贷款、援助资金的工程；⑤国家规定必须实行监理的其他工程
依法办理工程质量监督手续	建设单位在开工前，应当按照国家有关规定办理工程质量监督手续，工程质量监督手续可以与施工许可证或者开工报告合并办理
依法保证建筑材料等符合要求	(1) 按照合同约定，由建设单位采购建筑材料、建筑构配件和设备的，建设单位应当保证建筑材料、建筑构配件和设备符合设计文件和合同要求； (2) 建设单位不得明示或者暗示施工单位使用不合格的建筑材料、建筑构配件和设备
依法进行装修工程	(1) 涉及建筑主体和承重结构变动的装修工程，建设单位应当在施工前委托原设计单位或者具有相应资质等级的设计单位提出设计方案。没有设计方案的，不得施工。 (2) 房屋建筑使用者在装修过程中，不得擅自变动房屋建筑主体和承重结构

考点二 勘察、设计单位相关的质量责任和义务（★★★）

【2019年单选题】【2020年单选题】

依法承揽勘察、设计业务	从事建设工程勘察、设计的单位应当依法取得相应等级的资质证书，并在其资质等级许可的范围内承揽工程

续表

勘察、设计必须执行强制性标准	(1) 勘察、设计单位必须按照工程建设强制性标准进行勘察、设计，并对其勘察、设计的质量负责； (2) 注册建筑师、注册结构工程师等注册执业人员应当在设计文件上签字，对设计文件负责
勘察成果	勘察单位提供的地质、测量、水文等勘察成果必须真实、准确
设计依据和设计深度	(1) 设计单位应当根据勘察成果文件进行建设工程设计； (2) 设计文件应当符合国家规定的设计深度要求，注明工程合理使用年限； (3) 工程合理使用年限是指从工程竣工验收合格之日起，工程的地基基础、主体结构能保证在正常情况下安全使用的年限。它与《中华人民共和国建筑法》中的"建筑物合理寿命年限"、《中华人民共和国民法典》中的"工程合理使用期限"等在概念上是一致的
依法规范设计单位对建筑材料等的选用	(1) 设计单位在设计文件中选用的建筑材料、建筑构配件和设备，应当注明规格、型号、性能等技术指标，其质量要求必须符合国家规定的标准； (2) 除有特殊要求的建筑材料、专用设备、工艺生产线等外，设计单位不得指定生产厂、供应商
依法对设计文件进行技术交底	设计单位应当就审查合格的施工图设计文件向施工单位作出详细说明
依法参与建设工程质量事故分析	设计单位应当参与建设工程质量事故分析，并对因设计造成的质量事故，提出相应的技术处理方案

考点三 工程监理单位相关的质量责任和义务（★★★★）

【2019年单选题】【2020年多选题】【2021年单选题】【2021年多选题】

依法承担工程监理业务	(1) 工程监理单位应当依法取得相应等级的资质证书，并在其资质等级许可的范围内承担工程监理业务； (2) 工程监理单位不得转让工程监理业务
对有隶属关系或其他利害关系的回避	工程监理单位与被监理工程的施工承包单位以及建筑材料、建筑构配件和设备供应单位有隶属关系或者其他利害关系的，不得承担该项建设工程的监理业务
监理工作的依据和监理责任	工程监理单位应当依照法律、法规以及有关技术标准、设计文件和建设工程承包合同，代表建设单位对施工质量实施监理，并对施工质量承担监理责任
工程监理的职责和权限	(1) 工程监理单位应当选派具备相应资格的总监理工程师和监理工程师进驻施工现场； (2) 未经监理工程师签字，建筑材料、建筑构配件和设备不得在工程上使用或者安装，施工单位不得进行下一道工序的施工； (3) 未经总监理工程师签字，建设单位不拨付工程款，不进行竣工验收； (4) 工程监理实行总监理工程师负责制

工程监理的形式	监理工程师应当按照工程监理规范的要求，采取旁站、巡视和平行检验等形式，对建设工程实施监理

熊熊总结

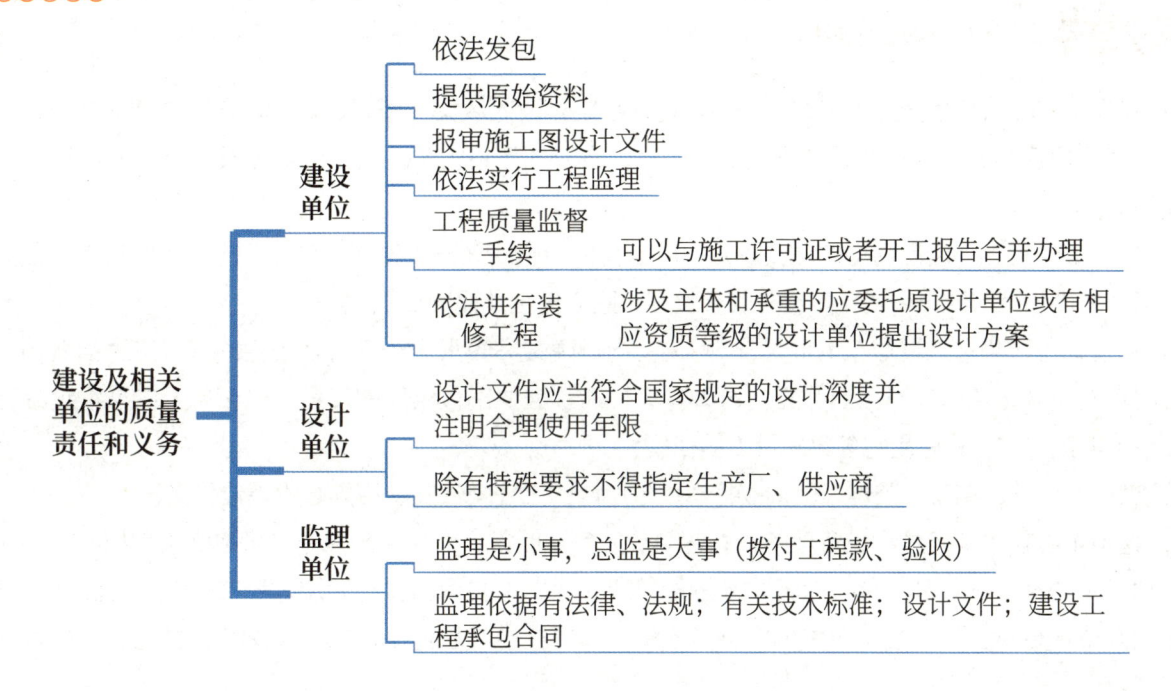

建设及相关单位的质量责任和义务
- 建设单位
  - 依法发包
  - 提供原始资料
  - 报审施工图设计文件
  - 依法实行工程监理
  - 工程质量监督手续 —— 可以与施工许可证或者开工报告合并办理
  - 依法进行装修工程 —— 涉及主体和承重的应委托原设计单位或有相应资质等级的设计单位提出设计方案
- 设计单位
  - 设计文件应当符合国家规定的设计深度并注明合理使用年限
  - 除有特殊要求不得指定生产厂、供应商
- 监理单位
  - 监理是小事，总监是大事（拨付工程款、验收）
  - 监理依据有法律、法规；有关技术标准；设计文件；建设工程承包合同

第四节 建设工程竣工验收制度

考点一 竣工验收的主体和法定条件（★★★）

【2021年多选题】

建设工程竣工验收的主体	建设单位收到建设工程竣工报告后，应当组织设计、施工、工程监理等有关单位进行竣工验收
竣工验收应当具备的法定条件	（1）完成建设工程设计和合同约定的各项内容； （2）有完整的技术档案和施工管理资料； （3）有工程使用的主要建筑材料、建筑构配件和设备的进场试验报告； （4）有勘察、设计、施工、工程监理等单位分别签署的质量合格文件； （5）有施工单位签署的工程保修书

> **上岸熊小贴士**
>
> （1）建设单位组织；
> （2）注意关键词：各项内容、完整、主要材料构配件、分别签署、保修书。

考点二 施工单位应提交的档案资料（★★）

（1）建设单位应当严格按照国家有关档案管理的规定，及时收集、整理建设项目各环节的文件资料，建立健全建设项目档案，并在建设工程竣工验收后，及时向建设行政主管部门或者其他有关部门移交建设项目档案；

（2）建设单位是工程建设活动的总负责方，应当在合同中明确要求勘察、设计、施工、监理等单位分别提供工程建设各环节的文件资料，及时收集整理，建立健全建设项目档案；

（3）建设单位应当在工程竣工验收后3个月内，向城建档案馆报送一套符合规定的建设工程档案；凡建设工程档案不齐全的，应当限期补充。对改建、扩建和重要部位维修的工程，建设单位应当组织设计、施工单位据实修改、补充和完善原建设工程档案；

（4）勘察、设计、施工、监理等单位应将本单位形成的工程文件立卷后向建设单位移交；

（5）建设工程项目实行总承包管理的，总包单位应负责收集、汇总各分包单位形成的工程档案，并应及时向建设单位移交。各分包单位应将本单位形成的工程文件整理、立卷后及时移交总包单位。建设工程项目由几个单位承包的，各承包单位应负责收集、整理立卷其承包项目的工程文件，并应及时向建设单位移交。

考点三 建设工程竣工规划验收（★★★★）

【2018年单选题】【2019年单选题】【2020年单选题】

（1）建设工程竣工后，建设单位应当依法向城乡规划行政主管部门提出竣工规划验收申请；

（2）县级以上地方人民政府城乡规划主管部门按照国务院规定对建设工程是否符合规划条件予以核实；未经核实或者经核实不符合规划条件的，建设单位不得组织竣工验收；

（3）对于验收合格的，由城乡规划行政主管部门出具规划认可文件或核发建设工程竣工规划验收合格证。

（4）建设单位应当在竣工验收后6个月内向城乡规划主管部门报送有关竣工验收资料；

（5）建设单位未在建设工程竣工验收后6个月内向城乡规划主管部门报送有关竣工验收资料的，由所在地城市、县人民政府城乡规划主管部门责令限期补报。逾期不补报的，处1万元以上5万元以下的罚款。

考点四 建筑工程节能验收（★★）

建筑节能分部工程验收的组织：

（1）节能工程的检验批验收和隐蔽工程验收应由监理工程师主持，施工单位相关专业的质量检查员与施工员参加；

（2）节能分项工程验收应由监理工程师主持，施工单位项目技术负责人和相关专业的质量检查员、施工员参加，必要时可邀请设计单位相关专业的人员参加；

（3）节能分部工程验收应由总监理工程师（建设单位项目负责人）主持，施工单位项目经理、项目技术负责人和相关专业的质量检查员、施工员参加，施工单位的质量或技术负责人应参加，设计单位节能设计人员应参加。

考点五 竣工工程质量争议的处理（★★）

（1）因承包人的过错造成建设工程质量不符合约定，承包人拒绝修理、返工或者改建，发包人请求减少支付工程价款的，应予支持。

（2）发包人具有下列情形之一，造成建设工程质量缺陷，应当承担过错责任：

①提供的设计有缺陷；

②提供或者指定购买的建筑材料、建筑构配件、设备不符合强制性标准；

③直接指定分包人分包专业工程。

（3）建设工程未经竣工验收，发包人擅自使用后，又以使用部分质量不符合约定为由主张权利的，不予支持；但是承包人应当在建设工程的合理使用寿命内对地基基础工程和主体结构质量承担民事责任。

考点六 竣工验收报告备案的规定（★★★）

备案时间	建设单位应当自工程竣工验收合格之日起15日内，依照《房屋建筑和市政基础设施工程竣工验收备案管理办法》规定，向工程所在地的县级以上地方人民政府建设主管部门备案
备案应提交的文件	（1）工程竣工验收备案表。 （2）工程竣工验收报告。竣工验收报告应当包括工程报建日期，施工许可证号，施工图设计文件审查意见，勘察、设计、施工、工程监理等单位分别签署的质量合格文件及验收人员签署的竣工验收原始文件，市政基础设施的有关质量检测和功能性试验资料以及备案机关认为需要提供的有关资料。 （3）法律、行政法规规定应当由规划、环保等部门出具的认可文件或者准许使用文件。 （4）法律规定应当由公安消防部门出具的对大型的人员密集场所和其他特殊建设工程验收合格的证明文件。 （5）施工单位签署的工程质量保修书。 （6）法规、规章规定必须提供的其他文件。住宅工程还应当提交《住宅质量保证书》和《住宅使用说明书》
竣工验收备案文件的签收和处理	（1）工程竣工验收备案表一式两份，一份由建设单位保存，一份留备案机关存档； （2）工程质量监督机构应当在工程竣工验收之日起5日内，向备案机关提交工程质量监督报告

熊熊总结

```
                    ┌─ 主体和法定条件 ─┬─ 主体 ── 建设单位
                    │                  └─ 条件 ── 完成各项内容；档案和资料完整；主要物资进场试验报告；
                    │                            分别签署的文件；保修书
                    │
                    ├─ 备案资料 ──┬─ 竣工验收后3个月内，向城建档案馆报送一套档案
建设工程              │            └─ 勘察、设计、施工、监理向建设移交；分包向总包移交
竣工验收    ────┤
制度                  ├─ 规划验收 ──┬─ 未经核实或经核实不符合规划条件的，不得组织竣工验收
                    │              ├─ 竣工验收后6个月内向城乡规划主管部门报送有关竣工验收资料
                    │              └─ 竣工后建设单位向城乡规划行政主管部门提出竣工规划验收申请
                    │
                    └─ 发包人承担 ─┬─ 提供的设计、物资有问题；指定的物资和分包人有问题
                       过错责任    └─ 未经验收擅自使用后，主张质量不符合约定，不予支持；但承
                                     包人应当在建设工程的合理使用寿命内对地基基础工程和主
                                     体结构质量承担民事责任
```

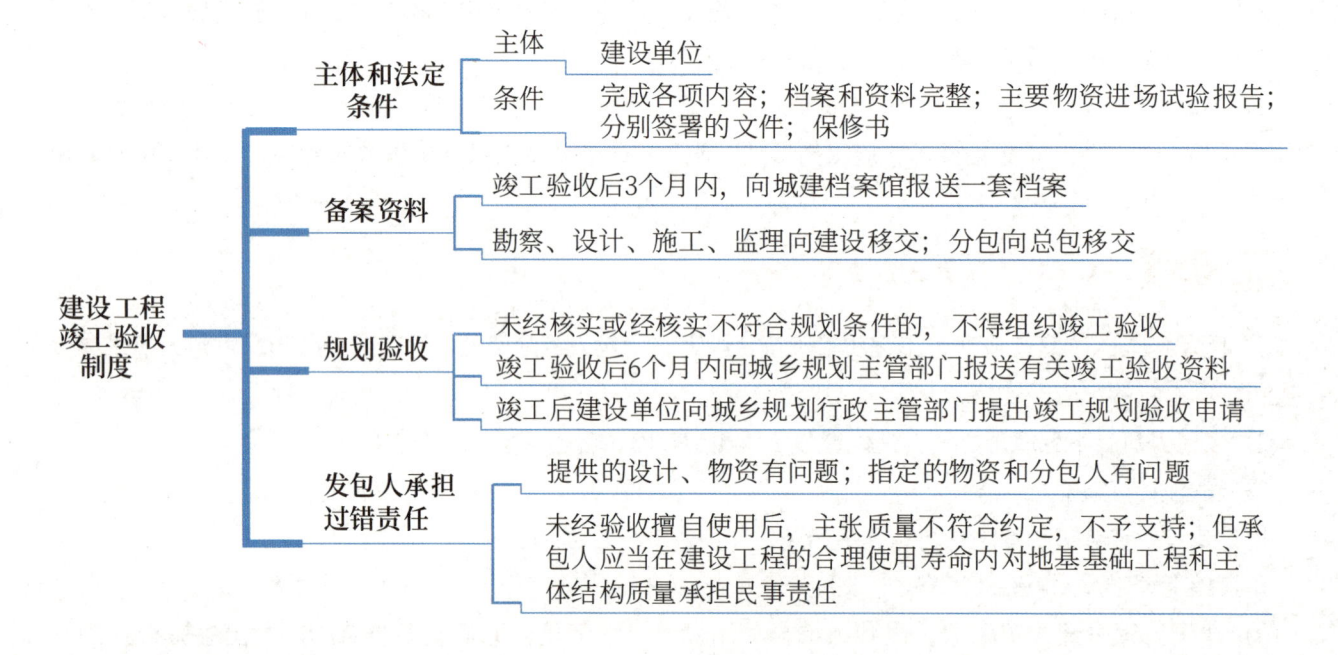

第五节 建设工程质量保修制度

考点一 建设工程质量保修书（★★）

（1）建设工程承包单位在向建设单位提交工程竣工验收报告时，应当向建设单位出具质量保修书；
（2）质量保修书中应当明确建设工程的保修范围、保修期限和保修责任等；
（3）保修的期限应当按照保证建筑物合理寿命年限内正常使用，维护使用者合法权益的原则确定；
（4）施工单位在建设工程质量保修书中，应当对建设单位合理使用建设工程有所提示；
（5）因建设单位或者用户使用不当或擅自改动结构、设备位置以及不当装修等造成质量问题的，施工单位不承担保修责任；由此而造成的质量受损或者其他用户损失，应当由责任人承担相应的责任。

考点二 建设工程质量的最低保修期限（★★★★★）

【2018年单选题】【2018年多选题】【2019年单选题】【2019年多选题】【2020年单选题】【2021年单选题】【2021年多选题】【2022年单选题】【2022年多选题】

（1）在正常使用条件下，建设工程的最低保修期限为：
①基础设施工程、房屋建筑的地基基础工程和主体结构工程，为设计文件规定的该工程的合理使用年限；
②屋面防水工程、有防水要求的卫生间、房间和外墙面的防渗漏，为5年；
③供热与供冷系统，为2个采暖期、供冷期；

④ 电气管线、给排水管道、设备安装和装修工程，为2年；
⑤ 其他项目的保修期限由发包方与承包方约定。

(2) 如果建设单位与施工单位经平等协商另行签订保修合同的，其保修期限可以高于法定的最低保修期限，但不能低于最低保修期限，否则视作无效。

(3) 建设工程保修期的起始日是竣工验收合格之日。

(4) 建设工程在超过合理使用年限后需要继续使用的，产权所有人应当委托具有相应资质等级的勘察、设计单位鉴定，并根据鉴定结果采取加固、维修等措施，重新界定使用期。

> **上岸熊小贴士**
>
> 建设工程的最低保修期限（522）：防水5年，基础主体为设计文件规定的合理使用年限，其他和2有关系。

考点三 建设工程质量保证金（★★★★★）

【2018年单选题】【2018年多选题】【2019年单选题】【2019年多选题】【2020年单选题】【2020年多选题】【2021年单选题】【2021年多选题】【2022年单选题】【2022年多选题】

保证金类型	(1) 对建筑业企业在工程建设中需缴纳的保证金，除依法依规设立的投标保证金、履约保证金、工程质量保证金、农民工工资保证金外，其他保证金一律取消。严禁新设保证金项目。 (2) 转变保证金缴纳方式，推行银行保函制度。 (3) 未按规定或合同约定返还保证金的，保证金收取方应向建筑业企业支付逾期返还违约金。 (4) 在工程项目竣工前，已经缴纳履约保证金的，建设单位不得同时预留工程质量保证金
质量保证金定义	建设工程质量保证金是指发包人与承包人在建设工程承包合同中约定，从应付的工程款中预留，用以保证承包人在缺陷责任期内对建设工程出现的缺陷进行维修的资金
缺陷责任期的确定	(1) 缺陷是指建设工程质量不符合工程建设强制性标准、设计文件，以及承包合同的约定。缺陷责任期一般为1年，最长不超过2年，由发承包双方在合同中约定。 (2) 缺陷责任期从工程通过竣工验收之日起计。 (3) 由于承包人原因导致工程无法按规定期限进行竣工验收的，缺陷责任期从实际通过竣工验收之日起计。 (4) 由于发包人原因导致工程无法按规定期限进行竣工验收的，在承包人提交竣工验收报告90天后，工程自动进入缺陷责任期
质量保证金的预留与使用管理	(1) 缺陷责任期内，实行国库集中支付的政府投资项目，保证金的管理应按国库集中支付的有关规定执行； (2) 其他政府投资项目，保证金可以预留在财政部门或发包方；

续表

质量保证金的预留与使用管理	(3) 缺陷责任期内，如发包方被撤销，保证金随交付使用资产一并移交使用单位管理，由使用单位代行发包人职责； (4) 社会投资项目采用预留保证金方式的，发、承包双方可以约定将保证金交由第三方金融机构托管
质量保证金预留比例	(1) 发包人应按照合同约定方式预留保证金，保证金总预留比例不得高于工程价款结算总额的3%； (2) 合同约定由承包人以银行保函替代预留保证金的，保函金额不得高于工程价款结算总额的3%； (3) 采用工程质量保证担保、工程质量保险等其他保证方式的，发包人不得再预留保证金
责任承担	(1) 缺陷责任期内，由承包人原因造成的缺陷，承包人应负责维修，并承担鉴定及维修费用。如承包人不维修也不承担费用，发包人可按合同约定从保证金或银行保函中扣除。费用超出保证金额的，发包人可按合同约定向承包人进行索赔。承包人维修并承担相应费用后，不免除对工程的损失赔偿责任； (2) 由他人原因造成的缺陷，发包人负责组织维修，承包人不承担费用，且发包人不得从保证金中扣除费用
质量保证金的返还	(1) 缺陷责任期内，承包人认真履行合同约定的责任，到期后，承包人向发包人申请返还保证金。 (2) 有下列情形之一，承包人请求发包人返还工程质量保证金的，人民法院应予支持： ①当事人约定的工程质量保证金返还期限届满； ②当事人未约定工程质量保证金返还期限的，自建设工程通过竣工验收之日起满2年； ③因发包人原因建设工程未按约定期限进行竣工验收的，自承包人提交工程竣工验收报告90日后当事人约定的工程质量保证金返还期限届满；当事人未约定工程质量保证金返还期限的，自承包人提交工程竣工验收报告90日后起满2年

上岸熊小贴士

	保修期（强制的）	缺陷责任期（非强制的）
期限	约定≥法定，才有效	约定（不超过两年）
起算	竣工验收合格日	工程通过竣工验收之日 实际通过竣工验收日（由于承包人原因） 提交竣工验收报告90日后（由于发包人原因）
性质	违反《建设工程质量管理条例》规定的，承担行政处罚	不得作为执法依据，需合同具体约定，违反约定的，承担违约责任

熊熊总结

- 建设工程质量保修制度
  - 最低保修期限
    - 期限：基础设施、地基基础和主体结构，为合理使用年限；防水5年；供热与供冷，2个采暖期、供冷期；其他2年
    - 起始日是竣工验收合格之日
  - 质量责任
    - 质量保证金
      - 不高于结算总额的3%
      - 除依法依规设立的投标保证金、履约保证金、工程质量保证金、农民工工资保证金外，其他保证金一律取消
      - 已经缴纳履约保证金不得同时预留工程质量保证金
    - 缺陷责任期
      - 1~2年，双方约定
      - 从工程通过竣工验收之日起计
      - 承包人原因，缺陷责任期从实际通过竣工验收之日起计
      - 发包人原因，在承包人提交竣工验收报告90天后，工程自动进入缺陷责任期

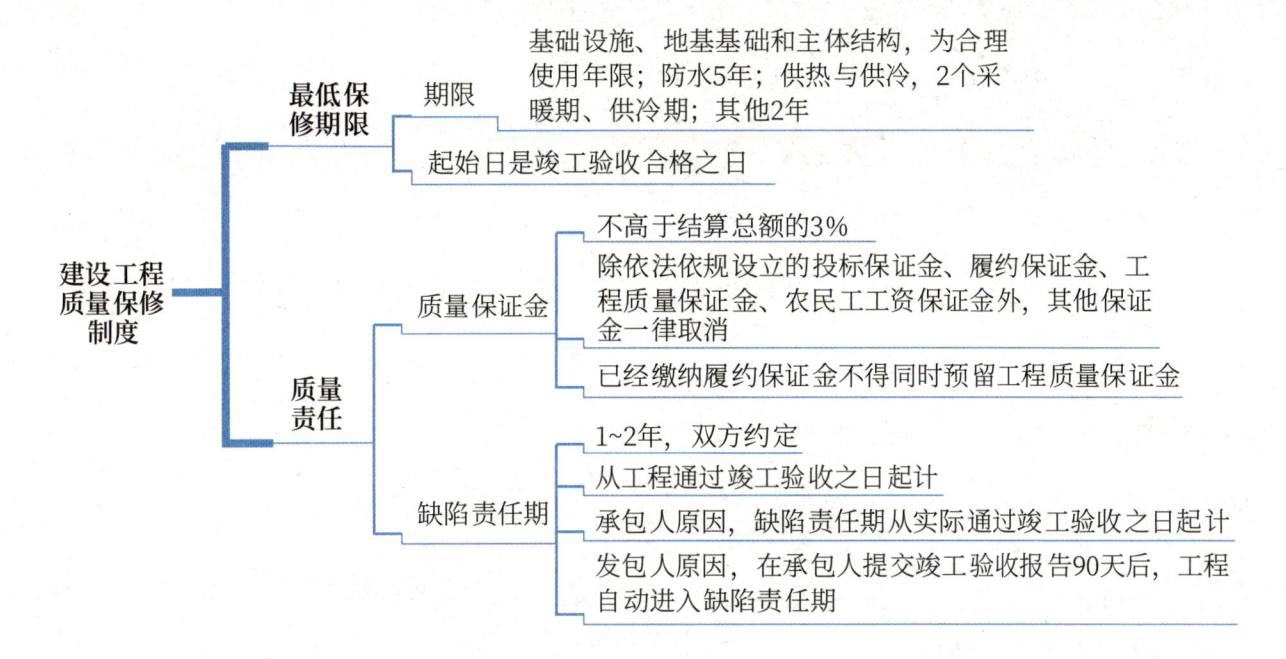

第八章　解决建设工程纠纷法律制度

第一节　建设工程纠纷主要种类和法律解决途径

考点一　建设工程纠纷（★★）

【2018年单选题】【2019年单选题】

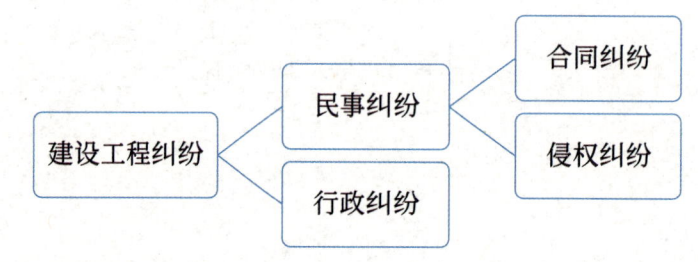

建设工程纠纷 ── 民事纠纷 ── 合同纠纷／侵权纠纷
　　　　　　└─ 行政纠纷

考点二　民事纠纷解决途径（★★★★★）

【2018年单选题】【2019年单选题】【2019年多选题】【2020年单选题】【2020年多选题】【2021年单选题】【2022年多选题】【2022年单选题】

和解	(1) 和解是民事纠纷的当事人在自愿互谅的基础上，就已经发生的争议进行协商、妥协与让步并达成协议，自行（无须第三方介入）解决争议的一种方式； (2) 和解可以在民事纠纷的任何阶段进行，无论是否已经进入诉讼或仲裁程序； (3) 当事人自行达成的和解协议不具有强制执行力，在性质上仍属于当事人之间的约定
调解	(1) 调解是指双方当事人以外的第三方应纠纷当事人的请求，以法律、法规和政策或合同约定以及社会公德为依据，对纠纷双方进行疏导、劝说，促使他们相互谅解，进行协商，自愿达成协议，解决纠纷的活动； (2) 调解方式：人民调解、行政调解、仲裁调解、司法调解、行业调解、专业机构调解
仲裁	(1) 仲裁是当事人根据在纠纷发生前或纠纷发生后达成的仲裁协议，自愿将纠纷提交第三方（仲裁机构）作出裁决，纠纷各方都有义务执行该裁决的一种解决纠纷的方式。 (2)《中华人民共和国仲裁法》的调整范围仅限于民商事仲裁。 (3) 不受《中华人民共和国仲裁法》调整的：①婚姻、收养、监护、扶养、继承纠纷；②依法应当由行政机关处理的行政争议；③劳动争议；④农业承包合同纠纷。 (4) 仲裁的特点：自愿性、专业性、独立性、保密性、快捷性、域外执行力

续表

民事诉讼	(1) 民事诉讼是指人民法院在当事人和其他诉讼参与人的参加下，以审理、裁判、执行等方式解决民事纠纷的活动，以及由此产生的各种诉讼关系的总和； (2) 民事诉讼的基本特征：公权性、程序性、强制性

> **上岸熊小贴士**
>
> 民事纠纷是民与民之间的纠纷，行政纠纷是民与官或官与官因行政执法而引起的纠纷。
>
> | 民事纠纷解决方式 | 性质 | |
> |---|---|---|
> | 生效的法院调解、判决 | 终局性 | 可以强制执行 |
> | 生效的仲裁调解、裁决 | — | — |
> | 经司法确认的人民调解 | — | — |
> | 其他任何调解 | 非终局性 | 不可以强制执行 |

考点三 行政行为的特征（★★）

【2021年多选题】

除行政协议外，行政机关的行政行为具有以下特征：

(1) 行政行为是执行法律的行为。

(2) 行政行为具有一定的裁量性。

(3) 行政机关在实施行政行为时具有单方意志性，不必与行政相对方协商或征得其同意，便可依法自主作出。

(4) 行政行为是以国家强制力保障实施的，带有强制性。

(5) 行政行为以无偿为原则，以有偿为例外。只有当特定行政相对人承担了特别公共负担，或者分享了特殊公共利益时，方可为有偿的。

考点四 行政纠纷解决途径（★★★）

【2018年多选题】【2021年单选题】

行政纠纷解决途径：行政复议（民去政府告官）、行政诉讼（民去法院告官）。

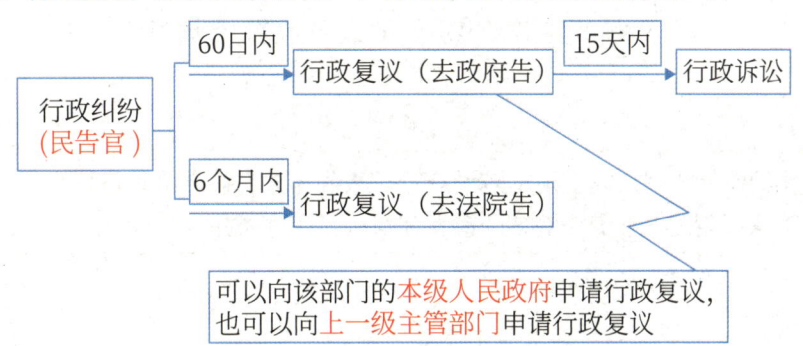

```
                    60日内
行政纠纷 ─────────→ 行政复议（去政府告） ──15天内──→ 行政诉讼
(民告官)
         6个月内
        ─────────→ 行政复议（去法院告）
```

可以向该部门的本级人民政府申请行政复议，也可以向上一级主管部门申请行政复议

熊熊总结

工程纠纷主要种类和法律解决途径：
- 和解：和解可以在民事纠纷的任何阶段进行
- 调解：人民调解、行政调解、仲裁调解、司法调解、行业调解、专业机构调解
- 仲裁：
  - 家庭内部纠纷、行政争议、劳动争议、农业承包合同纠纷不受《中华人民共和国仲裁法》调整
  - 自愿性、专业性、独立性、保密性、快捷性、域外执行力
- 民事诉讼：公权性、程序性、强制性
- 行政纠纷：不包括和解、调解

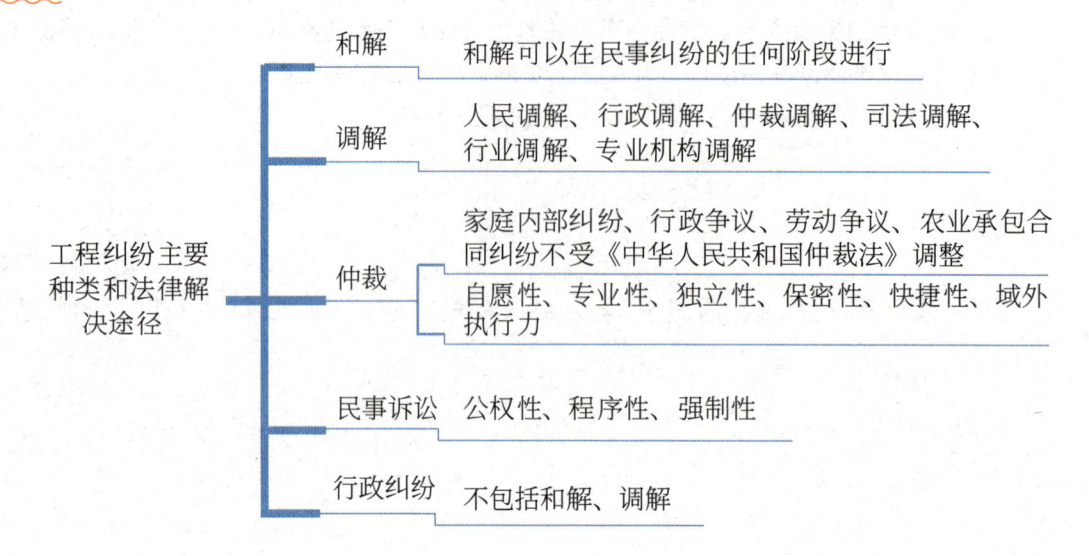

第二节 民事诉讼制度

考点一 民事诉讼的管辖权（★★★）

【2018年单选题】【2018年多选题】【2019年多选题】

（一）地域管辖

一般地域管辖	原告就被告，被告户籍所在地（如果经常居住地和户籍所在地不一致，按经常居住地）
特殊地域管辖	适用于合同纠纷：被告住所地或者合同履行地
专属管辖	适用于不动产纠纷，由不动产所在地人民法院管辖； 建设工程施工合同纠纷按照不动产纠纷确定管辖
协议管辖	可协议管辖法院：被告住所地、原告住所地、合同履行地、合同签订地、标的物所在地。 不得违反《中华人民共和国民事诉讼法》对级别管辖和专属管辖的规定

（二）移送管辖和指定管辖

移送管辖	（1）已受理案件的人民法院发现本院没有管辖权而将案件移送给有管辖权的法院； （2）移送管辖可能在上下级法院之间或者在同级法院间发生

续表

指定管辖	有管辖权的人民法院由于特殊原因不能行使管辖权的，以及人民法院之间因管辖权发生争议不能协商解决的，申请或共同报请上级人民法院指定管辖
管辖权转移	(1) **管辖权转移**是指上级人民法院有权审理下级人民法院管辖的第一审民事案件。确有必要将本院管辖的第一审民事案件交下级人民法院审理的，应当报请其上级人民法院批准。 (2) 管辖权转移仅限于上下级法院之间
管辖权异议	(1) 管辖权异议是指当事人向受诉人民法院提出的该法院对案件无管辖权的主张； (2) 当事人对管辖权有异议的，应当在提交答辩状期间提出； (3) 对人民法院就级别管辖异议作出的裁定，当事人不服的可以向上一级法院提起上诉

考点二 民事诉讼当事人和代理人（★★）

【2019年单选题】【2020年单选题】

当事人	原告、被告、共同诉讼人和第三人
诉讼代理人	当事人、法定代理人可以委托1～2人作为诉讼代理人
授权	诉讼代理人代为承认、放弃、变更诉讼请求，进行和解，提起反诉或者上诉，必须有委托人的特别授权。授权委托书仅写"全权代理"而无具体授权的诉讼代理人无权代为承认、放弃、变更诉讼请求，进行和解，提起反诉或者上诉

> **上岸熊小贴士**
>
> 仅写"全权代理"，不能认定获得特别授权。

考点三 民事诉讼证据（★★）

【2022年单选题】

当事人陈述	(1) 人民法院对当事人的陈述，应当结合本案的其他证据，审查确定能否作为认定案件事实的根据； (2) 当事人拒绝陈述的，不影响人民法院根据证据认定案件事实
书证	以文字、符号所记录或表示的，以证明待证事实的文书，如合同、书信、文件、票据等，书证是民事诉讼和仲裁中普遍并大量应用的一种证据
物证	(1) 在工程实践中，在对建筑材料、设备以及工程质量进行鉴定的过程中所涉及的各种证据，往往表现为物证这种形式。 (2) 在民事诉讼和仲裁过程中，应当遵循"优先提供原件或者原物"原则。提交原件或者原物确有困难的，可以提交复制品、照片、副本、节录本

视听资料	(1) 视听资料，包括录音资料和录像资料，是指利用录音、录像等方法记录下来的有关案件事实的资料； (2) 当事人以视听资料作为证据，应当提供视听资料的原始载体
电子数据	(1) 当事人以电子数据作为证据的，应当提供原件； (2) 电子数据的制作者制作的与原件一致的副本，或者直接来源于电子数据的打印件或其他可以显示、识别的输出介质，视为电子数据的原件
证人证言	(1) 凡是知道案件情况的单位和个人，都有义务出庭作证。有关单位的负责人应当支持证人作证； (2) 不能正确表达意思的人，不能作证； (3) 待证事实与其年龄、智力状况或者精神健康状况相适应的无民事行为能力人和限制民事行为能力人，可以作为证人
鉴定意见	(1) 当事人申请鉴定，应当注意在举证期限内提出； (2) 鉴定人拒不出庭作证的，鉴定意见不得作为认定案件事实的根据； (3) 当事人对人民法院委托的鉴定部门作出的鉴定结论有异议申请重新鉴定
勘验笔录	人民法院为了查明案件的事实，指派勘验人员对与案件争议有关的现场、物品或物体进行查验、拍照、测量，并将查验的情况与结果制成的笔录

考点四　证据的调查收集和保全（★★）

【2020年多选题】【2021年单选题】

法院调查收集证据的申请	当事人应当在合理期限内完成举证，因客观原因不能自行收集的证据，可申请人民法院调查收集，并应当在举证期限届满前提交书面申请
申请法院责令对方当事人提交书证	有下列情形，控制书证的当事人应当提交书证： (1) 控制书证的当事人在诉讼中曾经引用过的书证； (2) 为对方当事人的利益制作的书证； (3) 对方当事人依照法律规定有权查阅、获取的书证； (4) 账簿、记账原始凭证； (5) 人民法院认为应当提交书证的其他情形
证据保全的申请	(1) 当事人或者利害关系人可以依法申请证据保全并应当在举证期限届满前向人民法院提出； (2) 当事人或者利害关系人申请采取查封、扣押等限制保全标的物使用、流通等保全措施，或者保全可能对证据持有人造成损失的，人民法院应当责令申请人提供相应的担保

考点五 证据的应用（★★）

举证时限	（1）举证时限是指法律规定或法院、仲裁机构指定的当事人能够有效举证的期限。人民法院根据当事人的主张和案件审理情况，确定当事人应当提供的证据及其期限。 （2）当事人逾期提供证据的，人民法院应当责令其说明理由。拒不说明理由或者理由不成立的，人民法院根据不同情形可以不予采纳该证据，或者采纳该证据但予以训诫、罚款。 （3）第一审普通程序案件不得少于15日，当事人提供新的证据的第二审案件不得少于10日。适用简易程序审理的案件不得超过15日，小额诉讼案件的举证期限一般不得超过7日
证据交换	在诉讼答辩期届满后开庭审理前，在法院的主持下，当事人之间相互明示其持有证据的过程
质证	（1）质证是指当事人在法庭的主持下，围绕证据的真实性、合法性、关联性，针对证据证明力有无以及证明力大小，进行质疑、说明与辩驳的过程。 （2）证据应当在法庭上出示，并由当事人互相质证。对涉及国家秘密、商业秘密和个人隐私的证据应当保密，需要在法庭出示的，不得在公开开庭时出示。 （3）未经质证的证据，不能作为认定案件事实的依据
不能单独作为认定案件事实依据的证据	（1）当事人陈述； （2）无民事行为能力人或者限制民事行为能力人所作的与其年龄、智力状况或者精神状况不相当的证言； （3）与一方当事人或者其代理人有利害关系的证人陈述的证言； （4）存有疑点的视听资料、电子数据； （5）无法与原件、原物核对的复印件、复制品

> **上岸熊小贴士**
>
> 不能单独作为定案的依据需要注意其中的具体情形。仍然是证据，只是不能单独使用。

考点六 民事诉讼时效（★★）

【2021年单选题】
诉讼时效，是指权利人在法定期间内不行使权利，该期间届满后，义务人可以提出不履行义务抗辩的法律制度。
（1）超过诉讼时效期间，在法律上发生的效力是权利人的胜诉权消灭。
超过诉讼时效期间权利人起诉，只要符合起诉条件，法院仍然应当受理，如果法院经受理后查明无中止、中断、延长事由的，判决驳回诉讼请求。
（2）诉讼时效期间届满后，义务人同意履行的，不得以诉讼时效期间届满为由抗辩；义务人已自愿履行的，不得请求返还。人民法院不得主动适用诉讼时效的规定。
（3）当事人可以对债权请求权提出诉讼时效抗辩，但对下列债权请求权提出诉讼时效抗辩的，人民法院不予支持：
①支付存款本金及利息请求权；
②兑付国债、金融债券以及向不特定对象发行的企业债券本息请求权；
③基于投资关系产生的缴付出资请求权；
④其他依法不适用诉讼时效规定的债权请求权。

考点七 民事诉讼时效的起算和种类（★★★）

【2018年单选题】

诉讼时效起算点：权利人知道或者应当知道权利受到损害以及义务人之日。
当事人约定同一债务分期履行的，诉讼时效期间自最后一期履行期限届满之日起计算。

普通诉讼时效	—	3年
特殊诉讼时效	国际货物买卖合同和技术进出口合同争议	4年
	海上货物运输向承运人要求赔偿请求权	1年
最长保护期限	从权利被侵害之日起超过20年，人民法院不予保护。有特殊情况的，人民法院可以根据权利人的申请决定延长	20年

考点八 诉讼时效中止和中断（★★★）

【2018年多选题】

	情形	计算
诉讼时效中止（在诉讼时效期间的最后6个月）（暂停计算）	（1）不可抗力； （2）无民事行为能力人或者限制民事行为能力人没有法定代理人，或者法定代理人死亡、丧失民事行为能力、丧失代理权； （3）继承开始后未确定继承人或者遗产管理人； （4）权利人被义务人或者其他人控制； （5）其他导致权利人不能行使请求权的障碍	自中止时效的原因消除之日起满6个月，诉讼时效期间届满
诉讼时效中断（重新计算）	（1）权利人向义务人提出履行请求； （2）义务人同意履行义务； （3）权利人提起诉讼或者申请仲裁； （4）与提起诉讼或者申请仲裁具有同等效力的其他情形	在新的诉讼时效期间内，再次出现上述的中断事由，可以认定为再次中断

考点九 一审程序（★★）

普通程序	人民法院适用普通程序审理的案件，应当在立案之日起6个月内审结。有特殊情况需要延长的，经本院院长批准，可以延长6个月；还需要延长的，报请上级人民法院批准
简易程序	人民法院适用简易程序审理案件，应当在立案之日起3个月内审结。有特殊情况需要延长的，经本院院长批准，可以延长1个月，延长后的审理期限累计不得超过4个月。 人民法院适用小额诉讼程序审理案件，应当在立案之日起2个月内审结。有特殊情况需要延长的，经本院院长批准，可以延长1个月
小额诉讼程序	小额诉讼程序是简易程序的一种，适用于审理事实清楚、权利义务关系明确、争议不大的简单金钱给付民事案件，标的额为各省、自治区、直辖市上年度就业人员年平均工资50%以下的案件，实行一审终审

考点十 起诉、受理和审理（★★★）

【2021年多选题】

起诉	条件	原告与本案有直接利害关系的公民、法人和其他组织；有明确的被告；有具体的诉讼请求和事实、理由；属于人民法院受理民事诉讼的范围和人民法院管辖
	方式	书面起诉为原则，口头起诉为例外
受理		（1）符合起诉条件的，应当在7日内立案，并通知当事人。不符合起诉条件的，应当在7日内作出裁定书，不予受理。原告对裁定不服的，可以提起上诉。 （2）人民法院应当在立案之日起5日内将起诉状副本发送被告，被告应当在收到之日起15日内提出答辩状。被告不提出答辩状的，不影响人民法院审理。 诉讼文书送达方式包括直接送达；留置送达；经受送达人同意，人民法院可以采用能够确认其收悉的电子方式送达诉讼文书，通过电子方式送达的判决书、裁定书、调解书，受送达人提出需要纸质文书的，人民法院应当提供，采用前述方式送达的，以送达信息到达受送达人特定系统的日期为送达日期；委托送达；邮寄送达；受送达人下落不明，或者用以上规定的其他方式无法送达的，公告送达，自发出公告之日起，经过30日，即视为送达
审理	审理方式	以公开审理为原则，不公开审理为例外（涉及国家秘密、个人隐私或者法律另有规定的以外，应当公开进行；离婚案件，涉及商业秘密的案件，当事人申请不公开审理的，可以不公开审理）
	宣判	（1）判决前能够调解的，还可以进行调解，调解不成的，应当及时判决。 （2）原告经传票传唤，无正当理由拒不到庭的，或者未经法庭许可中途退庭的，可以按撤诉处理。被告反诉的，可以按缺席判决。 （3）被告经传票传唤，无正当理由拒不到庭的，或者未经法庭许可中途退庭的，可以缺席判决。 （4）人民法院一律公开宣告判决，同时必须告知当事人上诉权利、上诉期限和上诉的法院

考点十一　第二审程序（★★★）

【2022年多选题】

（一）第二审程序

审限	第二审人民法院审理对判决的上诉案件，审限为3个月；审理对裁定的上诉案件，审限为30日
上诉期间	当事人不服地方人民法院第一审判决的，有权在判决书送达之日起15日内向上一级人民法院提起上诉；不服地方人民法院第一审裁定的，有权在裁定书送达之日起10日内向上一级人民法院提起上诉
上诉状	当事人提起上诉，应当递交上诉状；上诉状应当通过原审人民法院提出；当事人直接向第二审人民法院上诉的，第二审人民法院应当在5日内将上诉状移交原审人民法院

（二）第二审人民法院对上诉案件的处理

认定事实清楚，适用法律正确	判决驳回上诉，维持原判、裁定
认定事实错误或者适用法律错误	改判、撤销或者变更
认定基本事实不清	裁定撤销原判决，发回重审，或查清后改判
遗漏当事人或者违法缺席判决等严重违反法定程序	裁定撤销原判决，发回重审

考点十二　执行程序（★★★）

【2020年单选题】【2022年单选题】

执行案件的管辖	发生法律效力的民事判决、裁定，以及刑事判决、裁定中的财产部分，由第一审人民法院或者与第一审人民法院同级的被执行的财产所在地人民法院执行
执行申请期间	（1）申请执行的期间为2年。申请执行时效的中止、中断，适用法律有关诉讼时效的中止、中断的规定； （2）人民法院自收到申请执行书之日起超过6个月未执行的，申请执行人可以向上一级法院申请执行
执行和解	（1）和解协议一般采用书面形式。 （2）和解协议达成后，有下列情形之一的，人民法院可以裁定中止执行。 ①各方当事人共同向人民法院提交书面和解协议的； ②一方当事人向人民法院提交书面和解协议，其他当事人予以认可的； ③当事人达成口头和解协议，执行人员将和解协议内容记入笔录，由各方当事人签名或者盖章的。 （3）被执行人一方不履行执行和解协议的，申请执行人可以申请恢复执行原生效法律文书，也可以就履行执行和解协议向执行法院提起诉讼

考点十三 执行中止、终结（★★）

执行中止	执行终结
(1) 申请人表示可以延期执行的； (2) 案外人对执行标的提出确有理由的异议的； (3) 作为一方当事人的公民死亡，需要等待继承人继承权利或承担义务的； (4) 作为一方当事人的法人或其他组织终止，尚未确定权利义务承受人的； (5) 人民法院认为应当中止执行的其他情形，如被执行人确无财产可供执行等	(1) 申请人撤销申请的； (2) 据以执行的法律文书被撤销的； (3) 作为被执行人的公民死亡，无遗产可供执行，又无义务承担人的； (4) 追索赡养费、扶养费、抚养费案件的权利人死亡的； (5) 作为被执行人的公民因生活困难无力偿还借款，无收入来源，又丧失劳动能力的； (6) 人民法院认为应当终结执行的其他情形

> **上岸熊小贴士**
>
> 属于当事人之间的协调关系简记为：天导致中止，人导致中断。从中止时效的原因消除之日起，诉讼时效期间继续计算；从中断时起，诉讼时效期间重新计算。

熊熊总结

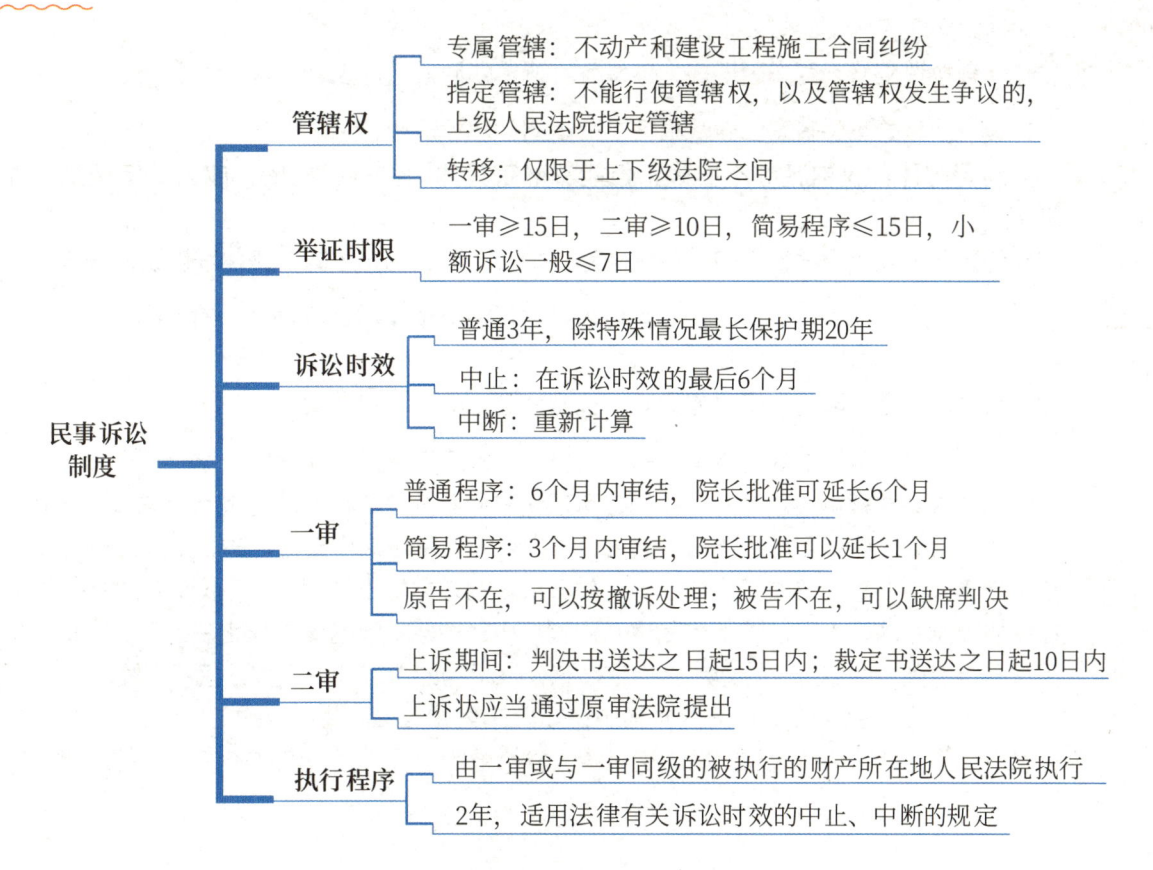

民事诉讼制度
- 管辖权
  - 专属管辖：不动产和建设工程施工合同纠纷
  - 指定管辖：不能行使管辖权，以及管辖权发生争议的，上级人民法院指定管辖
  - 转移：仅限于上下级法院之间
- 举证时限
  - 一审≥15日，二审≥10日，简易程序≤15日，小额诉讼一般≤7日
- 诉讼时效
  - 普通3年，除特殊情况最长保护期20年
  - 中止：在诉讼时效的最后6个月
  - 中断：重新计算
- 一审
  - 普通程序：6个月内审结，院长批准可延长6个月
  - 简易程序：3个月内审结，院长批准可以延长1个月
  - 原告不在，可以按撤诉处理；被告不在，可以缺席判决
- 二审
  - 上诉期间：判决书送达之日起15日内；裁定书送达之日起10日内
  - 上诉状应当通过原审法院提出
- 执行程序
  - 由一审或与一审同级的被执行的财产所在地人民法院执行
  - 2年，适用法律有关诉讼时效的中止、中断的规定

第三节 仲裁制度

考点一 仲裁的基本制度（★★★）

协议仲裁制度	(1) 仲裁协议是当事人仲裁自愿的体现，当事人申请仲裁，仲裁委员会受理仲裁、仲裁庭对仲裁案件的审理和裁决，都必须以当事人依法订立的仲裁协议为前提； (2) 没有仲裁协议，一方申请仲裁的，仲裁委员会不予受理
排除法院管辖制度	(1) 仲裁和诉讼是两种并行的争议解决方式，当事人只能选用其中的一种； (2) 当事人达成仲裁协议，一方向人民法院起诉的，人民法院不予受理，但仲裁协议无效的除外； (3) 有效的仲裁协议可以排除法院对案件的司法管辖权
一裁终局制度	仲裁实行一裁终局的制度。裁决作出后，当事人就同一纠纷再申请仲裁或者向人民法院起诉的，仲裁委员会或者人民法院不予受理

考点二 仲裁协议（★★★★★）

【2018年单选题】【2020年多选题】【2021年多选题】【2022年单选题】

仲裁协议的形式	(1) 仲裁协议包括合同中订立的仲裁条款和其他以书面形式在纠纷发生前或者纠纷发生后达成的请求仲裁的协议； (2) 仲裁协议应当采用书面形式，口头方式达成的仲裁意思表示无效
仲裁协议的内容	(1) 请求仲裁的意思表示、仲裁事项、选定的仲裁委员会； (2) 约定的仲裁机构名称不准确，但能够确定具体的仲裁机构的，应当认定选定了仲裁机构； (3) 约定两个以上仲裁机构的，协议确定一个，不能达成一致的，该仲裁协议无效
仲裁协议的效力	(1) 仲裁委员会只能对当事人在仲裁协议中约定的争议事项进行仲裁，对超出仲裁协议约定范围的其他争议事项无权仲裁； (2) 合同的变更、解除、终止或无效、被撤销等，均不影响仲裁协议的效力
仲裁协议效力的确认	(1) 当事人对仲裁协议效力有异议的，应当在仲裁庭首次开庭前提出； (2) 当事人对仲裁协议效力有异议的，可以请求仲裁委员会作出决定或者请求人民法院作出裁定。一方请求仲裁委员会作出决定，另一方请求人民法院作出裁定的，由人民法院裁定； (3) 当事人在仲裁庭首次开庭前没有对仲裁协议的效力提出异议，而后向人民法院申请确认仲裁协议无效的，人民法院不予受理。仲裁机构对仲裁协议的效力作出决定后，当事人向人民法院申请确认仲裁协议效力或者申请撤销仲裁机构的决定的，人民法院不予受理； (4) 当事人向人民法院申请确认仲裁协议效力的案件，由仲裁协议约定的仲裁机构所在地、仲裁协议签订地、申请人住所地、被申请人住所地的中级人民法院或者专门人民法院管辖

考点三 仲裁的申请和受理（★★★）

仲裁申请的条件	（1）有仲裁协议； （2）有具体的仲裁请求和事实、理由； （3）属于仲裁委员会的受理范围
仲裁的受理	仲裁委员会收到仲裁申请之日起5日内，认为符合受理条件，应当受理

考点四 仲裁审理的法定程序（★★★★★）

【2018年单选题】【2018年多选题】【2019年单选题】【2019年多选题】【2020年单选题】【2020年多选题】【2021年单选题】

（一）仲裁庭的组成

组成形式	成员	成员选择
普通程序合议仲裁庭	3名仲裁员	应当各自选定或者各自委托仲裁委员会主任指定1名仲裁员，第三名仲裁员由当事人共同选定或者共同委托仲裁委员会主任指定。第三名仲裁员是首席仲裁员
简易程序独任仲裁庭	1名仲裁员	应当由当事人共同选定或者共同委托仲裁委员会主任指定仲裁员

（二）开庭和审理

（1）仲裁审理的方式分为开庭审理和书面审理两种。
（2）仲裁应当开庭审理作出裁决，这是仲裁审理的主要方式。但是，当事人协议并经仲裁庭同意或仲裁庭认为不必要商经当事人同意不开庭的，仲裁庭可以只依据书面文件进行审理。
为了保护当事人的商业秘密和商业信誉，仲裁不公开进行。当事人要求公开审理的，由仲裁庭决定是否公开审理。
（3）申请人不到庭或者中途退庭的，可以视为撤回仲裁申请。
（4）被申请人不到庭或者中途退庭的，可以进行缺席审理并作出裁决。

（三）仲裁和解和调解

仲裁和解	达成和解协议	请求仲裁庭制作裁决书	裁决书具有强制执行力	反悔不能再重新仲裁，可以申请法院强制执行
		撤回仲裁申请	反悔的，可以根据原仲裁协议重新申请仲裁	
仲裁调解	达成调解协议	请求仲裁庭制作调解书	双方签收后发生法律效力	签收前反悔，仲裁庭及时裁决
		请求仲裁庭制作裁决书	作出就生效，具有强制执行力	反悔不能再重新仲裁，可以申请法院强制执行

（四）仲裁裁决

仲裁裁决是由仲裁庭作出的具有强制执行效力的法律文书。

裁决书的效力：（1）裁决书一裁终局，当事人不得就已经裁决的事项再申请仲裁，也不得就此提起诉讼；当事人申请人民法院撤销裁决的，应当依法进行。（2）仲裁裁决具有强制执行力，一方当事人不履行的，对方当事人可以到法院申请强制执行。（3）仲裁裁决在所有《纽约公约》缔约国（或地区）可以得到承认和执行。

考点五 仲裁裁决的执行（★★★★）

【2019年单选题】【2021年单选题】【2022年多选题】

仲裁裁决执行管辖权	（1）当事人申请执行仲裁裁决案件，由被执行人住所地或被执行财产所在地中级法院管辖； （2）执行案件符合基层人民法院一审民商事案件级别管辖受理范围的，经上级人民法院批准后，可以由被执行人住所地或被执行财产所在地的基层人民法院管辖
仲裁裁决执行时限	（1）申请仲裁裁决强制执行的期间为2年，自仲裁裁决书规定履行期限或者仲裁机构的仲裁规则规定履行期间的最后1日起计算。 仲裁裁决书规定分期履行的，从最后一期履行期限届满之日起计算；仲裁裁决书未规定履行期间的，从法律文书生效之日起计算。 （2）申请仲裁裁决强制执行时效的中止、中断，适用法律有关诉讼时效中止、中断的规定
仲裁裁决的不予执行和撤销	（1）被申请人提出证据证明仲裁裁决有下列情形之一的，经人民法院组成合议庭审查核实，裁定不予执行： ①当事人在合同中没有订有仲裁条款或者事后没有达成书面仲裁协议的； ②裁决的事项不属于仲裁协议的范围或者仲裁机构无权仲裁的； ③仲裁庭的组成或者仲裁的程序违反法定程序的； ④裁决所根据的证据是伪造的； ⑤对方当事人向仲裁机构隐瞒了足以影响公正裁决的证据的； ⑥仲裁员在仲裁该案时有贪污受贿、徇私舞弊、枉法裁决行为的。此外，人民法院认定执行该裁决违背社会公共利益，裁定不予执行。 （2）人民法院认定执行该裁决违背社会公共利益的，裁定不予执行。 （3）当事人提出证据证明裁决有上述情形之一的，可以向仲裁委员会所在地的中级人民法院申请撤销裁决。当事人申请撤销裁决的，应当在收到裁决书之日起6个月内提出。 （4）仲裁裁决被法院依法裁定不予执行的，当事人就该纠纷可以重新达成仲裁协议，并依据该仲裁协议申请仲裁，也可以向法院提起诉讼

熊熊总结

```
                ┌── 仲裁协议 ──┬── 一裁终局制度
                │              ├── 口头无效
                │              └── 内容：请求仲裁的意思表示、仲裁事项、选定的仲裁委员会
                │
                ├── 申请条件 ──── 有仲裁协议；有具体的仲裁请求和事实、理由；属于仲裁
                │                  委员会的受理范围
                │
                ├── 仲裁庭的组成 ─┬── 合议仲裁庭：3名
  仲裁制度 ──┤                  └── 独任仲裁庭：1名
                │
                ├── 开庭 ──┬── 开庭审理和书面审理
                │          └── 申请人不到庭，可以视为撤回仲裁申请；被申请人不到庭，仲裁庭
                │              可以进行缺席审理并作出裁决
                │
                ├── 和解、调解 ─┬── 裁决书具有强制执行力
                │                └── 调解书双方签收后发生法律效力
                │
                └── 执行 ──┬── 被执行人住所地或被执行财产所在地中级法院管辖
                            └── 2年；适用法律有关诉讼时效中止、中断的规定
```

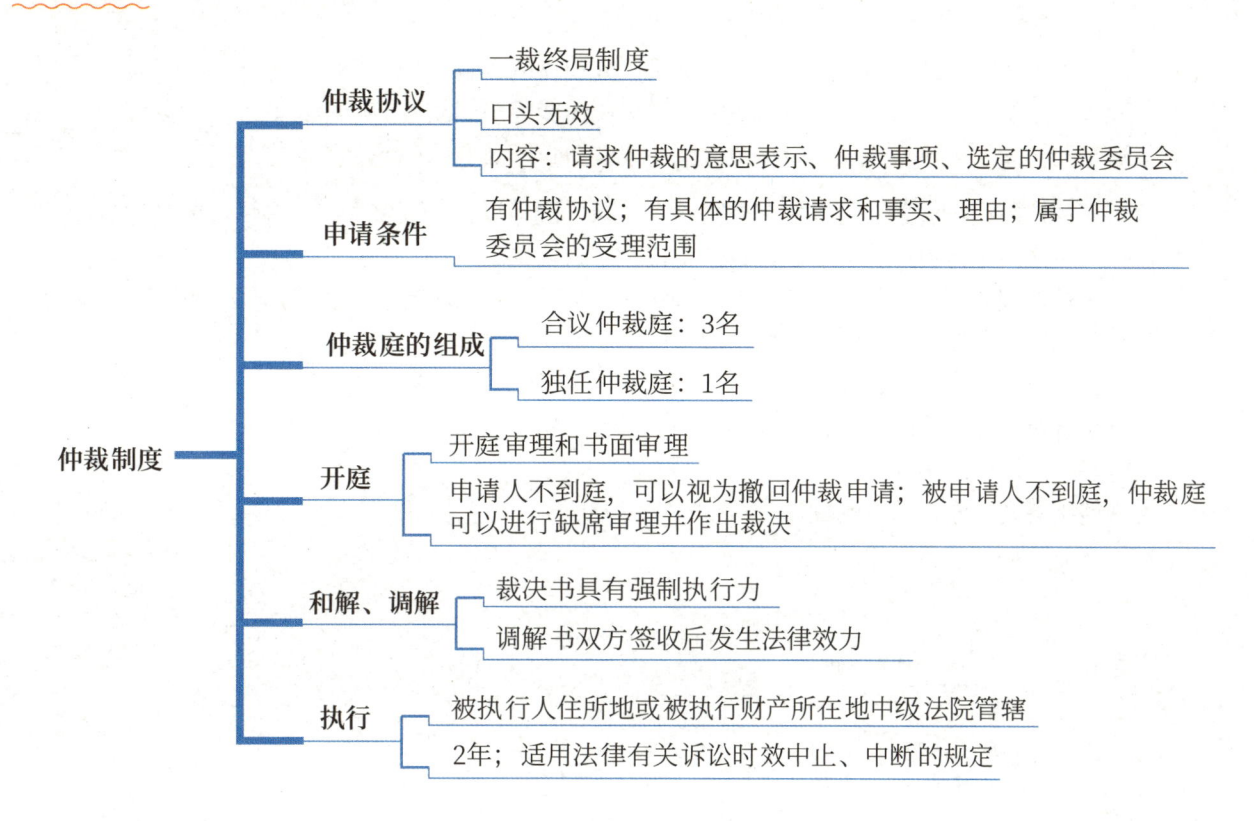

第四节 调解、和解制度与争议评审

考点 调解的类型（★★★★）

【2018年多选题】【2019年多选题】【2020年多选题】【2021年单选题】【2022年多选题】

人民调解

（1）人民调解制度作为一种司法辅助制度，是人民群众自己解决纠纷的法律制度，也是一种具有中国特色的司法制度。
（2）经人民调解委员会调解达成调解协议的，可以制作调解协议书。
（3）经依法设立的调解组织调解达成调解协议，申请司法确认的，由双方当事人自调解协议生效之日起30日内，共同向下列人民法院提出：
①人民法院邀请调解组织开展先行调解的，向作出邀请的人民法院提出。
②调解组织自行开展调解的，向当事人住所地、标的物所在地、调解组织所在地的基层人民法院提出；调解协议所涉纠纷应当由中级人民法院管辖的，向相应的中级人民法院提出。
人民法院受理申请后，经审查，符合法律规定的，裁定调解协议有效，一方当事人拒绝履行或者未全部履行的，对方当事人可以向人民法院申请强制执行；不符合法律规定的，裁定驳回申请，当事人可以通过调解方式变更原调解协议或者达成新的调解协议，也可以向人民法院起诉

续表

行政调解	(1) 行政调解分为两种： ①基层人民政府，即乡、镇人民政府对一般民间纠纷的调解； ②国家行政机关依照法律规定对某些特定民事纠纷或经济纠纷或劳动纠纷等进行的调解。 (2) 行政调解属于诉讼外调解。行政调解达成的协议不具有强制约束力
法院调解	(1) 人民法院进行调解，可以由审判员一人主持，也可以由合议庭主持，并尽可能就地进行。 (2) 人民法院进行调解，可以邀请有关单位和个人协助。 (3) 调解达成协议，人民法院应当制作调解书。调解书经双方当事人签收后，即具有法律效力。 (4) 下列案件调解达成协议，人民法院可以不制作调解书： ①调解和好的离婚案件； ②调解维持收养关系的案件； ③能够即时履行的案件； ④其他不需要制作调解书的案件

熊熊总结

```
                    ┌─ 人民调解 ── 可以制作调解协议书
                    │             调解协议30日内可申请司法确认
                    │
调解、和解制度 ─────┼─ 行政调解 ── 不具有强制执行力
                    │
                    │             法院调解书经双方当事人签收后，即具有法律效力，效力
                    └─ 法院调解 ── 与判决书相同
                                  可以不制作调解书：离婚；维持收养关系；即时
                                  履行的案件
```

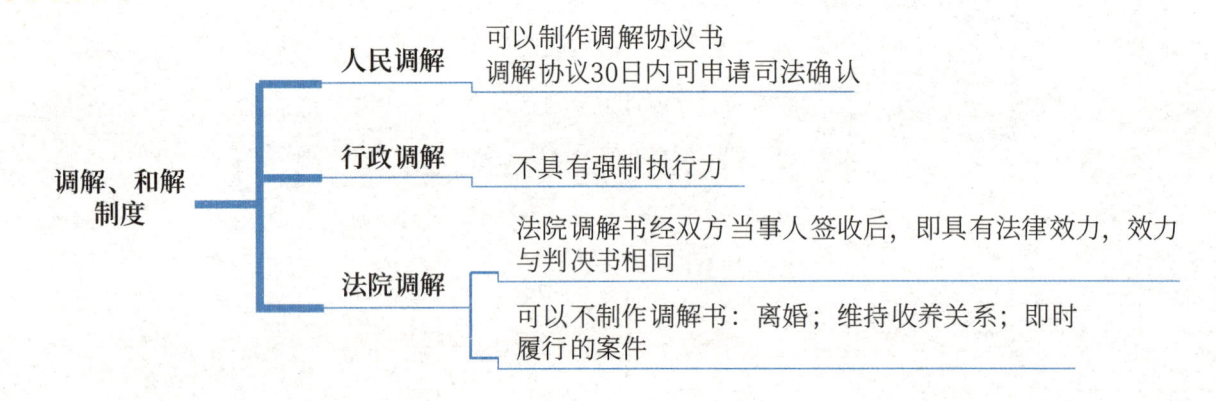

第五节 行政复议和行政诉讼制度

考点一 可以设定行政许可的事项（★★）

可以设定行政许可	(1) 直接涉及国家安全、公共安全、经济宏观调控、生态环境保护以及直接关系人身健康、生命财产安全等特定活动，需要按照法定条件予以批准的事项； (2) 有限自然资源开发利用、公共资源配置以及直接关系公共利益的特定行业的市场准入等，需要赋予特定权利的事项； (3) 提供公众服务并且直接关系公共利益的职业、行业，需要确定具备特殊信誉、特殊条件或者特殊技能等资格、资质的事项；

	续表
可以设定 行政许可	（4）直接关系公共安全、人身健康、生命财产安全的重要设备、设施、产品、物品，需要按照技术标准、技术规范，通过检验、检测、检疫等方式进行审定的事项； （5）企业或者其他组织的设立等，需要确定主体资格的事项； （6）法律、行政法规规定可以设定行政许可的其他事项
可以不设 行政许可	（1）公民、法人或者其他组织能够自主决定的； （2）市场竞争机制能够有效调节的； （3）行业组织或者中介机构能够自律管理的； （4）行政机关采用事后监督等其他行政管理方式能够解决的

考点二 行政许可的设定权限（★★★）

【2019年多选题】【2020年多选题】

法律可以设定行政许可。尚未制定法律的，行政法规可以设定行政许可。必要时，国务院可以采用发布决定的方式设定行政许可。实施后，除临时性行政许可事项外，国务院应当及时提请全国人民代表大会及其常务委员会制定法律，或者自行制定行政法规。

尚未制定法律、行政法规的，地方性法规可以设定行政许可；尚未制定法律、行政法规和地方性法规的，因行政管理的需要，确需立即实施行政许可的，省、自治区、直辖市人民政府规章可以设定临时性的行政许可。

临时性的行政许可实施满1年需要继续实施的，应当提请本级人民代表大会及其常务委员会制定地方性法规。地方性法规和省、自治区、直辖市人民政府规章，不得设定应当由国家统一确定的公民、法人或者其他组织的资格、资质的行政许可；不得设定企业或者其他组织的设立登记及其前置性行政许可。其设定的行政许可，不得限制其他地区的个人或者企业到本地区从事生产经营和提供服务，不得限制其他地区的商品进入本地区市场。

除以上规定的外，其他规范性文件一律不得设定行政许可。

考点三 行政强制措施的种类和行政强制执行的方式（★★★★）

【2019年单选题】【2022年多选题】

行政强制 措施的种 类（静态）	（1）限制公民人身自由； （2）查封场所、设施或者财物； （3）扣押财物； （4）冻结存款、汇款； （5）其他行政强制措施

续表

行政强制执行的方式（动态）	（1）加处罚款或者滞纳金； （2）划拨存款、汇款； （3）拍卖或者依法处理查封、扣押的场所、设施或者财物； （4）排除妨碍、恢复原状； （5）代履行； （6）其他强制执行方式

考点四 行政强制的设定（★★★）

行政强制措施由法律设定。尚未制定法律，且属于国务院行政管理职权事项的，行政法规可以设定除限制公民人身自由、冻结存款汇款和应当由法律规定的行政强制措施以外的其他行政强制措施。尚未制定法律、行政法规，且属于地方性事务的，地方性法规可以设定查封场所、设施或者财物，以及扣押财物的行政强制措施。法律、法规以外的其他规范性文件不得设定行政强制措施。

行政强制执行由法律设定。法律没有规定行政机关强制执行的，作出行政决定的行政机关应当申请人民法院强制执行。

考点五 不属于行政复议和行政诉讼的范围（★★★）

【2018年单选题】【2021年多选题】【2022年单选题】

不能提起行政复议	（1）不服行政机关作出的行政处分或者其他人事处理决定的，应当依照有关法律、行政法规的规定提起申诉； （2）不服行政机关对民事纠纷作出的调解或者其他处理，应当依法申请仲裁或者向法院提起诉讼
不属于行政诉讼的范围	（1）公安、国家安全等机关依照刑事诉讼法的明确授权实施的行为； （2）调解行为以及法律规定的仲裁行为； （3）行政指导行为； （4）驳回当事人对行政行为提起申诉的重复处理行为； （5）行政机关作出的不产生外部法律效力的行为； （6）行政机关为作出行政行为而实施的准备、论证、研究、层报、咨询等过程性行为； （7）行政机关根据人民法院的生效裁判、协助执行通知书作出的执行行为，但行政机关扩大执行范围或采取违法方式实施的除外； （8）上级行政机关基于内部层级监督关系对下级行政机关作出的听取报告、执法检查、督促履责等行为； （9）行政机关针对信访事项作出的登记、受理、交办、转送、复查、复核意见等行为； （10）对公民、法人或者其他组织权利义务不产生实际影响的行为

> **上岸熊小贴士**
>
> 行政处分和行政调解不能复议。

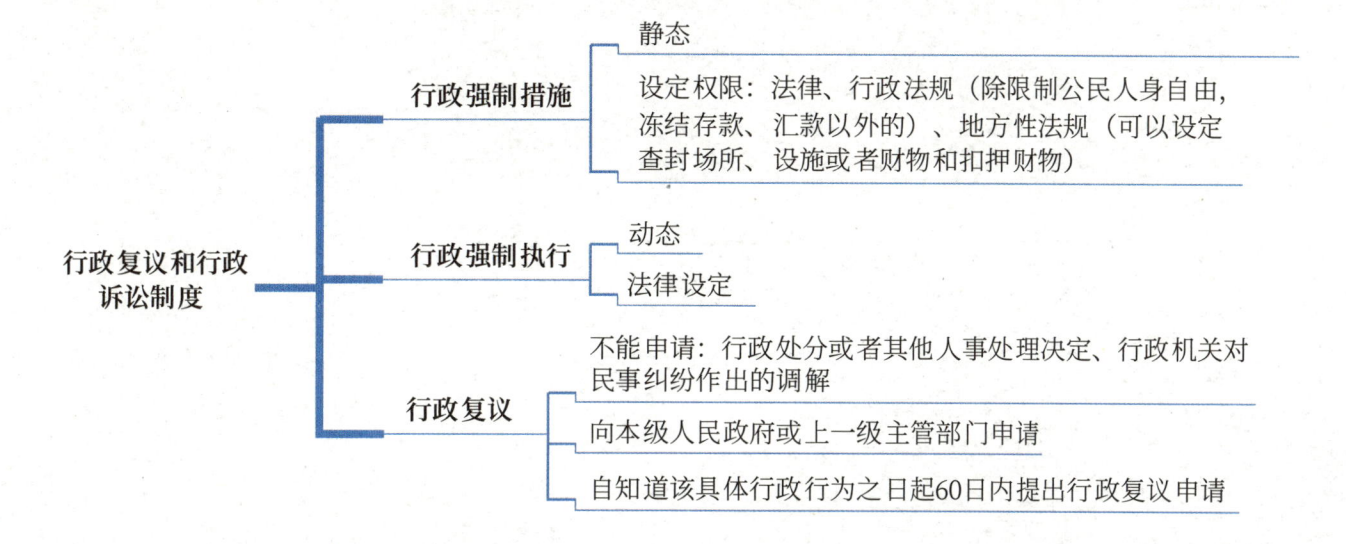

熊熊总结

```
行政复议和行政诉讼制度
├── 行政强制措施
│   ├── 静态
│   └── 设定权限：法律、行政法规（除限制公民人身自由，冻结存款、汇款以外的）、地方性法规（可以设定查封场所、设施或者财物和扣押财物）
├── 行政强制执行
│   ├── 动态
│   └── 法律设定
└── 行政复议
    ├── 不能申请：行政处分或者其他人事处理决定、行政机关对民事纠纷作出的调解
    ├── 向本级人民政府或上一级主管部门申请
    └── 自知道该具体行政行为之日起60日内提出行政复议申请
```